AF403910

CAMPAGNES

DU

GÉNÉRAL PICHEGRU

AUX ARMÉES DU NORD

ET

DE SAMBRE ET MEUSE.

———

HISTOIRE CHRONOLOGIQU

DES OPÉRATIONS

DE L'ARMÉE DU NORD,

ET DE CELLE

DE SAMBRE ET MEUSE,

Depuis le mois de Germinal de l'an II (fin de Mars 1794), jusqu'au même mois de l'an III (1795.)

TIRÉE DES LIVRES D'ORDRE DE CES DEUX ARMÉES.

Par le Citoyen DAVID, témoin de la plupart de leurs exploits.

Nunquam stygias fertur ad umbras
Inclyta virtus.. Vivite fortes ;
Nec Læthæos sæva per amnes
Vos fata trahent :
    Senec. Trag. Hercul. OEtæ.

A PARIS,

De l'Imprimerie de GUERBART, rue du Colombier, Maison du Parc, N.º 3.

(DÉROY, Libraire, rue Saint-André-des-Arcs.
Chez VANACKERE, Libraire, *à Lille.*
(STAPLEAUX, Libraire, *à Bruxelles.*

AUX OFFICIERS ET SOLDATS DES ARMÉES DU NORD ET DE SAMBRE ET MEUSE.

CITOYENS,

Sans être attaché à aucune Armée, je vous ai suivis et vous ai observé dans la majeure partie de vos expéditions. Tant d'actes héroiques, qui ont sauvé la France & l'ont préservée d   rtage que les Coalisés prétendoient en faire, méritent de passer à la Postérité.

J'entreprends donc de les esquisser ; & je vous établis les juges de ma véracité. Les Gens de Lettres en critiqueront sans doute le style, mais mes prétentions sur cet article sont absolument nulles ; je n'aspire qu'à être exact, et c'est vous qui pouvez me juger sous ce point de vue.

Pour mettre de la méthode dans ce récit,

a iij

j'ai divifé la Campagne en deux parties; la première, comprendra vos exploits d'été et s'étendra depuis votre entrée en campagne, jufqu'au paffage de la Meufe; l'autre, racontera vos expéditions d'hiver et décrira la conquête de toute la Hollande.

Quoiqu'acteurs dans tous ces actes héroiques, j'efpère que vous ne ferez pas fachés de les voir refferés dans un même volume, et d'y trouver les dates fcrupuleufement gardées. Vous aurez encore du plaifir de connoitre les plans que vous avez fi courageufement exécutés. Et lorfque vous ferez rentrés dans vos foyers, vous ferez fort aifes de pouvoir fixer, et les époques ou vous avez fait de fi belles proueffes & les projets des Généraux qui vous ont fi fouvent menés à la victoire.

Salut et amitié

DAVID.

PRÉFACE.

Dans le tems où la France étoit en délire ;
lorsque toutes les furies de l'enfer s'étoient
déchaînées et avoient fixé leur domicile parmi
nous ; quand la plupart de nos Concitoyens
sembloient s'être vêtus de cette robe allé-
gorique qui avoit la propriété de rendre
furieux ; dans le tems qu'un fils, devenu
énergumène, attentoit à la liberté de ses
parens (*); que le mari se défioit de sa
femme et celle - ci de son époux ; que le
valet fesoit trembler le maître, et que l'ami
fuyoit son ami. Lorsqu'enfin une partie de
nos Sénateurs ressembloit à une troupe de
maniaques ; que les Magistrats de justice
transformoient l'erreur et même la vertu en
crime et le crime en vertu ; ne pouvant singer
ni la folie, ni la rage, ni la fureur, je devois
fuir.

Quitter ma Patrie pour toujours étoit un

(*) Un Représentant du Peuple a fait incarcerer sa
mère.

parti extréme dont l'idée seule me fait frémir ; malgré sa frénésie elle m'étoit chère, et je ne désespérois pas de sa guérison. J'allai donc me réfugier à l'Armée.

Un scélérat, assassiné pour ses crimes et béatifié par des frénétiques ; un être vil, dont le nom seul excite l'indignation dans le cœur de tout bon Français, avait dit une grande vérité. Il avoit affirmé que le tems viendroit où l'on seroit trop heureux de pouvoir aller se faire massacrer dans les armées; ses principes atroces, et ceux d'une partie de ses Collègues, ont justifié son assertion. En effet, là, tous les ennemis étoient devant vous ; ici, ils vous entouroient, s'introduisoient dans vos domiciles et partageoient souvent votre lit. Là, vous aviez la faculté de combattre, de vous défendre et de vendre cher votre existence ; ici, on vous lioit les bras et l'on vous égorgeoit méthodiquement, comme un mouton qu'on envoie à la boucherie. Là, il n'y avoit que quelques Proconsuls qui fussent furieux ; ici tout le monde

paroissoit l'être. En un mot, l'Armée française étoit alors la seule retraite où l'honnête
homme, le vrai patriote pût respirer. Je
m'y réfugiai, et j'avoue que j'y aurois vécu
content, si la liste des crimes de mon Pays
ne m'y étoit pas parvenue.

Il ne falloit rien moins que des circonstances pareilles, pour me forcer à aller chercher mon salut au milieu des foudres de
Mars. Personne n'avoit plus de prévention
que moi contre tout ce qui porte le nom de
Conquérant. Les Guerriers qui ne savent
que détruire et qui n'édifient jamais, sont
rarement du goût d'un Philantrope. Alexandre, Cesar, Gengis - Kan, Charles XII
et Thamas-kou-li-kan, avoient quelquefois
excité mon admiration; mais jamais mon affection. Celui qui fesoit un canal, ou une
route, qui introduisoit un nouvel art, ou
une nouvelle branche de commerce dans mon
Pays, étoit, selon moi, au-dessus de tous
les Héros antiques et modernes.

Obligé de traverser la République, je dûs

souvent comparoître devant les Comités révolutionnaires. Je me présentai même à celui d'Arras dans un moment où le bourreau des Départemens du Nord s'y trouvoit. Le crime ou la terreur étoient peints sur toutes les figures, et le portrait d'un homme qui avoit été fait un an auparavant, avoit perdu la ressemblance. La passion ou la fureur donnoient à toutes les phisionomies une expression étrange, et les rendoient méconnoissables.

A travers tant d'écueils, j'arrive enfin à l'Armée, ayant le cœur déchiré de l'état où je laissois ma chère Patrie. Là, comme ici, j'étudie les figures, et je suis tout étonné de les trouver calmes. Beaucoup de Militaires m'inspirent de la confiance ; je communique avec eux et je trouve des hommes. En un mot, je ne tardai pas à m'appercevoir que les Patriotes des frontières ne ressembloient en rien aux soi-disant Républicains de l'intérieur. Ceux-là avoient la fierté et la générosité du lion ; ceux-ci avoient la rage et la fureur du tigre.

Je m'occupois pendant tout l'hiver à connoître l'organisation de nos Armées, et à étudier l'esprit qui les dirigeoit. Je vis avec plaisir que l'élite de la Nation française y étoit, et que le peu de lie qui s'y trouvoit seroit bientôt précipité par une exacte et sévère discipline. L'on me chargeoit quelquefois de faire des Proclamations pour rappeller aux Troupes les principes d'équité. Je voyois avec un plaisir indicible qu'ils n'étoient pas étrangers à leur cœur. Dans une Armée il y a ordinairement un petit nombre de pillards incorrigibles. Ce sont toujours les mêmes qui exercent les brigandages, et les ravages sont inhérens à la présence d'une grande armée. Mais j'atteste à l'Univers, que ceux que l'Armée a faits ne sont pas capables de deshonorer la Nation française. Ils sont moindres que ceux que les Anglais ont commis. Je suis bien faché de ne pouvoir en dire autant des Administrations et de quelques Proconsuls montagnards.

Dès le commencement de la Campagne,

je commençai à dater toutes les opérations des deux Armées. Je me transportois sur les champs de bataille; j'examinois nos dispositions et celles de l'ennemi, et j'en fesois chaque jour la note. Quand je ne concevois pas les mouvemens, les Généraux Pichegru, Reunier ou d'autres m'en fesoient connoître les motifs et se fesoient un plaisir de satisfaire ma curiosité; voilà ce qui m'a donné la facilité d'esquisser cette Histoire. Je ne suis pas Militaire, et cependant tous les détails que je donne sont exacts. J'étois sur les lieux, je conversois journellement avec tous les grands acteurs, et ils avoient la complaisance de ne me laisser rien ignorer.

Un long voyage que j'avois projetté m'a forcé à précipiter l'émission de cet Ouvrage. Il a été imprimé à fur et mesure que je l'ai écrit, et je ne me suis apperçu de ses défauts qu'en le rélisant dans l'ensemble, et quand presque toutes les feuilles ont été tirées. Il n'a donc que le mérite de l'exactitude et de la vérité; mais celui-là est grand dans un tems où l'on se fait un jeu de mentir impudemment.

Je préviens tous ceux qui entreprendront d'écrire l'Histoire de cette Guerre, qu'ils doivent se tenir en garde contre les relations des Journalistes, et même contre celles de la Convention. On n'en a que de très-infidelles. Etant sur les lieux, observant des yeux tout ce qui se passoit, et lisant les rapports des Journalistes et ceux qui se fesoient à la Tribune de la Convention, j'étois étonné de les trouver aussi inexacts. Ainsi, quand cette Histoire ne devroit servir que de matériaux aux Ecrivains qui entreprendront de la faire en grand, je ne devois pas balancer de la mettre au jour. C'est ce motif qui m'a guidé.

Les Politiques sensés seront étonnés de ce que je me trouve en opposition avec les meilleurs Administrateurs de l'Europe, sur les Compagnies de commerce. Je les prie d'observer qu'aucune de mes assertions, sur cette matière, n'est absolue. Je redoute autant que personne les prérogatives des Compagnies , et je sais qu'elles entravent toujours le négoce. Lorsque le célèbre Turgot écrivoit contre, la France étoit dans un état de santé. Nous avions des Armateurs qui pouvoient expédier vingt navires pour l'une des deux Indes. Aujourd'hui que les tems sont changés ! si le vertueux Turgot vivoit , il changeroit peut-être de système. Les principes de la bonne administration sont toujours fixes ; mais le tems et les circonstances en empêchent souvent l'application.

En général , tant qu'il y aura des particuliers qui pourront et voudront faire le commerce des deux Indes , il ne faudra point de Compagnies à priviléges exclusifs ; si même on peut réunir par l'appât d'un encouragement une société de Négocians , il faut bien se garder de leur accorder des priviléges. Mais il faut que les Français fassent ce commerce , n'importe de qu'elle manière , et si nos Administrateurs n'ont pas le choix des moyens , ils doivent se servir de celui-là , quoiqu'extrême.

L'impression de cet Ouvrage étoit très-avancée, lorsqu'on m'a fait appercevoir qu'il étoit nécessaire d'y insérer quelques notes. J'ai été obligé de les porter à la fin. Elles ont été mal numérotées, ainsi on les trouvera plutôt par la désignation de la page que par celle du numéro. Un Ouvrage qu'on écrit à bâtons rompus, n'a jamais la régularité dont il est susceptible.

Dans tout le cours de cette Histoire, j'ai rapporté les hautes prouesses des Militaires, en même-tems que les extravagances de quelques Proconsuls. Mon but n'a point été de louer les premiers pour les flatter, ni de blâmer les autres pour les mortifier. J'ai nommé les uns avec plaisir, parce que leur conduite est honorable. J'ai passé sous silence les noms des derniers, parce que mon intention n'est pas de les désobliger. Ceux qui auront la modestie de se reconnoître dans quelqu'un de mes portraits, ou dans quelqu'un des faits que je rapporte, se feront plus de mal que je ne leur en fais, s'ils prennent de l'humeur et qu'ils s'en fassent l'application.

Les Factieux qui liront cet Ouvrage ne manqueront pas d'impartir à l'Auteur toutes les épithètes d'usage. Comme il s'en faut de beaucoup qu'il soit leur partisan, ils le traiteront, sans doute, d'Aristocrate, de Royaliste, de Chouan, etc. Il prévient le Public qu'aucune de ces qualifications ne lui convient ; il est Patriote et passe pour tel dans l'esprit de tous ceux qui les connoissent. Mais si pour conserver cette réputation il faut avoir l'audace d'un voleur ou celle d'un assassin, il se fera toujours un devoir d'y renoncer. Il déteste autant ceux qui assassinent les Aristocrates que ceux qui poignardent les *Exclusifs*. Les fureurs de Saint-Dominique contre les Albigeois, ne sont pas plus de son goût que celles de Marat, Robespierre et consors, contre les Français.

HISTOIRE

HISTOIRE CHRONOLOGIQUE

DES OPERATIONS

DE L'ARMÉE DU NORD,

ET DE CELLE

DE SAMBRE ET MEUSE.

PREMIÈRE PARTIE.

CHAPITRE PREMIER.

Etat de la France, avant la campagne.

A L'ÉPOQUE où commence cette Histoire, la France étoit en proie à une anarchie dont aucun Peuple n'a donné l'exemple ; ceux qui la gouvernoient étoient plus vicieux que Caligula, plus stupides que Claude et plus cruels que Néron. Aucun Etat ne s'est trouvé dans une position aussi alarmante et aucun corps social n'a été si près de sa dissolution.

La guerre, ou les tribunaux de sang, détrui-

soient chaque jour les hommes les plus courageux, les mieux instruits, et démoralisoient
les ignorans et les ames pusillanimes : pour
échapper à la proscription il falloit être com-
plice de la faction dominante. Mourir, se
rendre criminel, ou fuir, voilà l'alternative
où étoient réduits tous les Français. La mort
planoit sur tous et menaçoit toutes les têtes;
les échos ne répétoient que ses lugubres cris
et tous les murs étoient tapissés de son image.

Les loix qui sortoient du Corps législatif,
la plupart des arrêtés des Représentans du
Peuple, ceux des Administrations subalternes,
les extravagantes délibérations des Comités
révolutionnaires et des Sociétés populaires,
tout portoit un caractère d'injustice, de rage
et de dissolution, dont le tableau fera frissonner toutes les races futures.

On a quelquefois comparé notre horrible
situation à celle d'Athènes sous Dracon; mais
quelle différence! Dracon, il est vrai, avoit
fait des loix cruelles, il en avoit même fait
d'injustes puisqu'il punissoit la paresse de
la peine capitale; et on ne peut lire le code de
cet atroce Législateur, sans frémir et sans
avoir envie d'arracher son nom des pages de
l'Histoire. Mais que dira la postérité, lorsqu'elle jettera les yeux sur celui de la Con-

(3)

vention , pendant les dix-huit mois qu'elle a
été *opprimée?* la paresse est un défaut nuisible
et à la société, et à l'individu qui en est entâ-
ché ; la corruption des Athèniens pourroit, si
non justifier , au moins attenuer la rigidité de
cette mesure. Mais comment justifier , comment pallier même les loix qui punissent de
mort les plus belles vertus sociales , l'humanité,
l'hospitalité , la piété , ect ? que diront nos descendans lorsqu'ils apprendront , qu'un homme
mis hors de la loi , parce qu'il étoit de tel ou
tel parti , ou plutôt parce qu'il n'étoit d'aucun,
étoit traîné à l'échafaud avec les ames sensibles
qui lui avoient donné l'asyle ? lorsqu'ils liront
le décret de mise hors de débats ; celui du 22
Prairial ect. (10 Juin , v. st. ect.) ne seront-
ils pas tentés de croire que ces loix n'ont pu
être proposées que par des antropophages , et
qu'elle n'ont pu être adoptées que par des
foux , ou des ivrognes ? et ne sera-t-on pas
pénétré de haine et de mépris pour toute la
génération présente ?

O Postérité ! suspends ta haine et ton mépris
et ne fais réjaillir ton exécration que sur ceux
qui l'ont méritée. Apprends que dans ces tems
de cruautés et de brigandages , la France possédoit encore des hommes de mérite qui connoissoient les principes et n'en sortoient jamais;

Apprends que la Convention même, indépendamment de ses martyrs, renfermoit encore des hommes probes, ennemis de la tyrannie et des vices, et souviens toi que quoique dans une armée de cent mille hommes, il se trouve douze ou quinze cens pillards, on ne doit pas en conclure que toute l'armée n'est composée que de brigands.

Tu seras, sans doute, étonnée de ce qu'une grande Nation s'est laissée asservir par une poignée de voleurs et d'assassins. Que notre conduite te serve à jamais de leçon, et t'empêche de faire les mêmes fautes : sache que les Français n'avoient presque point de lumières sur les effets des révolutions; que ceux qui auroient pû leur en donner étoient en fuite ou dans les fers, attendant une mort certaine. Pense, avant de nous blâmer, que dans toutes les révolutions, les intrigans, les assassins et les bourreaux ont toujours un plan, et que les gens probes n'en ont jamais; que ceux-là se coalisent et se correspondent exactement, parce qu'ils sont en minorité, tandis que la crainte et l'aversion pour le meurtre isolent les autres; qu'en un mot ceux qui savent voler et assassiner finissent toujours par imprimer la terreur et par dominer, jusqu'à ce qu'ils tombent sous le glaive de la Loi.

CHAPITRE. II.

État des Armées, à la même époque.

SI le mal étoit à son comble dans l'intérieur de la France, il n'étoit guère moins alarmant aux frontières. Les Militaires avoient, comme les autres Citoyens, leurs dénonciateurs, leurs Tribunaux révolutionnaires et leurs bourreaux. Leurs grades dépendoient du caprice des Proconsuls, qui souvent pour placer leurs parens ou leurs amis, destituoient et faisoient incarcérer ceux dont ils vouloient donner les places. La retenue, la modération et une propreté décente (qu'on traitoit alors de *muscadinerie*), étoient des titres qui faisoient perdre et les grades et la liberté de ceux qui possédoient ces belles qualités. Le véritable moyen de se maintenir, n'étoit pas de mettre de l'exactitude dans ses devoirs, mais d'aller faire des motions extravagantes dans les Clubs. Un Soldat abandonnoit-il son poste pour aller vociférer dans une Société populaire, l'officier qui s'avisoit de vouloir punir cette intfraction à la discipline étoit sûr d'être déstitué. Toute l'armée du Nord connoît l'aven--

ture du chef de brigade Valetau (1). Malheureusement cet exemple n'est pas l'unique de ce genre.

L'existence physique des Militaires étoit donc plus exposée que celle des autres Citoyens, puisque indépendamment d'une commission de mort, composée des mêmes élémens que les Tribunaux révolutionnaires, ils avoient à craindre, le fer et le feu de l'ennemi. Leur existence politique dépendoit d'un geste, d'un mot, ou d'un calomniateur qui vouloit prendre leurs places ; et nos Proconsuls se faisoient un jeu de placer et de déplacer, c'est-à-dire, de tout désorganiser.

On se demandera peut-être pourquoi plusieurs milliers d'Officiers courageux, qui avoient la confiance de leurs camarades., se sont-ils laissé avilir et despotiser par une trentaine de coquins *à pouvoirs illimités ?* La réponse est facile : les bons Militaires n'envisageoient que la destruction des armées ennemies ; ils savoient que nous ne pouvions triompher qu'en observant une exacte discipline. Or, le moindre murmure qui eût éclaté, auroit entraîné des suites funestes. D'un autre côté, les ambitieux y trouvoient leur compte; une destitution faisoit quelquefois avancer cent individus; ceux qui n'y gagnoient rien, n'osoient point murmurer, de peur de perdre l'occasion de s'avancer dans une autre circonstance. Les remplaçans s'érigeoient souvent en calomniateurs contre le destitué; bientôt l'injustice finissoit par être préconisée; par ce moyen les pouvoirs des Proconsuls devenoient absolus et ne s'arrêtoient jamais où il falloit. Richard et Pichegru (2) étoient sévères, mais justes; la plûpart des autres étoient férocement injustes. Ceux qui savoient allier la justice avec la sévérité étoient aimés et estimés; les autres étoient exécrés.

Jusqu'au commencement de cette campagne, l'armée du Nord avoit toujours été battue, excepté à Honscthoote et au déblocus de Maubeuge; elle étoit dispersée par petits corps, cantonnés autour des places, depuis Givet jusqu'à Dunkerque; elle étoit sans ensemble, et pour couvrir les villes que les Proconsuls habitoient, ils y avoient rassemblé le plus de troupes qu'il avoit été possible.

Il falloit occuper tous les villages de la frontière; si on en eût évacué un seul, qu'on eût découvert une partie peu importante, pour centraliser les forces et en couvrir de plus considérables, on étoit en butte à toutes les dénonciations des Sociétés populaires; on étoit accusé de trahison, traité de contre-révolutionnaire, et il n'y avoit que la destitution, la guillotine, ou la fusillade qui pût expier cette mesure.

Le Gouvernement d'alors, qu'on appeloit Comité de salut public, vouloit-il que nous triomphassions de nos ennemis ? beaucoup de gens pensoient que non; j'en ai vu qui me démontroient qu'il vouloit nous faire battre. Ce qui a un peu dirigé mon opinion de ce côté-là, c'est la destitution de Jourdan, au moment où il avoit chassé l'ennemi de devant Maubeuge, au moment enfin où il avoit sauvé la chose publique. Beaucoup de Militaires qui ont, comme moi, suivi les ordres impératifs que le Comité envoyoit aux armées, ont une propension à être de cet avis.

Quoi qu'il en soit, Condé, Valenciennes, le Quesnoy et une foule d'autres places étoient au pouvoir des coalisés. Ils campoient, dans tous les points, sur le territoire français, et nous n'occupions pas un seul de leurs villages.

Les choses étant dans cet état, le général Pichegru (3) arrive en même-tems que le Représentant du peuple Richard. Ces deux Citoyens vouloient sincèrement faire triompher nos armes, ils s'appliquèrent donc à rétablir l'ordre ; bientôt les dénonciations furent moins fréquentes, et les destitutions plus justes; les pilliers des Clubs se tinrent à leur poste, et quand ils l'abandonnèrent, leur assiduité à aller vociférer, au lieu d'être un motif pour mitiger les peines qu'ils avoient encourues, ne contribua qu'à les aggraver. L'instruction des jeunes gens de la première réquisition se fit avec plus d'exactitude ; en un mot, tout s'organisa sur un autre pied, et bientôt au lieu d'un assemblage de motionneurs et de calomniateurs, qui faisoient trembler les militaires honnêtes, nous eûmes une armée.

CHAPITRE III.

Entrée en campagne ; prise de Courtrai ; bataille de Moescroen ; prise de Menin par les Français ; prise de Landrecies par les Autrichiens.

DANS ce tems-là, le Gouvernement envoyoit aux Généraux l'ordre impératif et ridicule de vaincre ; Pichegru en reçut un de cette espèce dans le moment où les trois meilleures forteresses de notre première ligne de fortification étoient au pouvoir de l'ennemi. Cet ordre devoit lui tenir lieu d'instruction, car il n'en eut pas d'autres ; il n'eut pas même de plan de campagne : dans les conférences qu'il avoit précédemment eues à Paris, il avoit été question d'agir au centre, et d'inquiéter l'ennemi sur les flancs. Quoique cette marche présentât bien des obstacles on la suivit d'abord ; mais on ne tarda pas à l'abandonner.

Au commencement de Germinal (fin Mars v. st.) on fit sortir les troupes de leurs cantonnemens ; elles formèrent de petits camps disséminés sur toute la frontière. Ces campemens n'avoient d'autre but que d'accou-

tumer les soldats au mouvement et à l'activité.
Ils avoient en même-tems celui d'empêcher
que l'ennemi ne pénétrât nos projets.

On rassembla ensuite un plus grand nombre
de troupes autour de Cambrai et de Guise.
On avoit alors dessein d'attaquer l'ennemi
dans son centre, entre le Cateau-Cambresis et
le Quesnoy, de le chasser de cette fameuse
forêt de Mormale qui étoit l'épouventail de
tous les politiques de Paris, et de faire ensuite le siége du Quesnoy.

L'ennemi avoit aussi porté la plus grande
partie de ses forces sur ce point, et l'avoit
choisi pour centre de ses opérations; ainsi
le 29 Germinal (18 Avril v. st.) il attaqua
Landrecies et en fit l'investissement, sans
qu'on pût lui opposer une assez forte résistance.

Nos troupes, constamment battues sur ce
point, étoient presque tombées dans le découragement, et ne tenoient plus en présence
de l'ennemi. Pichegru vit qu'en s'obstinant à
agir sur un terrein tant de fois teint du sang
de nos Défenseurs, il devenoit impossible de
délivrer cette Place ; il dut donc ajourner sa
défense, changer de plan, et voici celui qu'il
adopta.

Tout en faisant agir puissamment sur le

centre, d'après les ordres du Comité de Salut Public, pour faire une très-forte diversion, et arracher l'ennemi du théâtre de ses victoires, Pichegru ordonna une invasion dans la Flandre : à cet effet, la division du général Souham (4), forte de près de 30,000 hommes, et celle du Général Moreau (2), évaluée à environ 20,000, se mirent en marche le 7 Floréal (26 Avril v. st.). La première marcha sur Courtrai, par tous les chemins qui sont à la droite de Menin, força tous les postes qu'elle rencontra sur son passage, et entra dans Courtrai à six heures du soir, fit des prisonniers, et prit quelques canons.

L'autre dirigeant sa marche sur les deux rives de la Lys, se plaça pour former le blocus de Menin ; ainsi, par cette marche hardie et bien combinée, Courtrai se trouva pris, et Menin investi dans le même jour.

L'ennemi étonné d'une marche aussi audacieuse et aussi inattendue, rassembla les troupes qui étoient autour de Tournai, fit venir une partie de sa réserve, qui étoit entre Valenciennes et St.-Amand, et fit la tentative de nous forcer à débloquer Menin.

Le 9 (28 Avril v. st.), il repoussa quelques postes de notre armée, qui couvroient les routes de Lille à Courtrai, prit position à Moëscroen, et sur les hauteurs de Castrel, nous coupa presque toute communication de Courtrai à Lille ; et Menin pouvoit être délivré le lendemain.

Cependant on chauffoit vigoureusement cette dernière Place , et le feu s'y manifestoit dans beaucoup d'endroits ; mais pour l'emporter , il falloit battre l'armée ennemie ; et c'est ce qu'on fit le 10. (29 Avril v. st.)

Connoissant le caractère national , et sachant que le Soldat français est meilleur pour l'attaque que pour la défense , Pichegru fit prévenir Clairfait en l'attaquant. Le premier choc fut vigoureux , et força l'ennemi à se retirer sur les hauteurs de Castrel. Nous ne pouvions chanter victoire qu'après l'avoir chassé de ce poste , et l'avoir forcé de se retirer sur Tournai ; voilà ce qui donna lieu à ce premier combat , qui fut vif et sanglant , mais qui fut le premier pas fait vers la victoire.

Cependant cette attaque présentoit de grands obstacles ; on ne pouvoit monter sur les hauteurs pour atteindre l'armée de Clairfait , que par cinq défilés très-étroits , que les batteries de l'ennemi couvroient de mitraille : il falloit de l'audace et même de la témérité pour attaquer l'ennemi dans cette position. Mais le Français au combat n'envisage que la victoire et jamais le danger ; on y arriva donc, le choc fut vif et sanglant. Clairfait fut enfin obligé de céder, les Autrichiens et les Hannovriens furent mis en déroute complette, et 1600 prisonniers, 80 officiers, 33 canons, 4 drapeaux et 500 fusils furent le prix de cette première victoire.

On a toujours dit que l'influence physique des Généraux ne décidoit rien à la guerre ; je puis attester qu'elle a presque tout fait dans cette occasion. Notre aile droite étoit en complette déroute le 9 (28 Avril v. s.) ; la majeure partie de cette armée étoit de jeunes gens de la première réquisition, qui n'avoient pas encore vu de combats. J'ose dire que si les Généraux et les Officiers ne leur avoient pas donné l'exemple du courage, ils n'auroient pas tenu devant l'ennemi. Mais leur exemple fit rallier les fuyards, et depuis ils n'ont pas fait un pas rétrograde ; on ne connut même plus de différence entre les jeunes gens et les anciens militaires.

Tous les Généraux et tous les corps se sont distingués dans cette affaire ; mais le Général Souham, et le cinquième régiment de chasseurs à cheval, s'y sont surpassés.

Après cet échec, l'ennemi ne pouvant plus secourir Menin, cette place se rendit le 11 Floréal (30 Avril, v. st.).

(15)

Dans la nuit du 10 au 11 (29 et 30 Avril v. st.),
il se passa un événement qui prouve que les
hommes exaspérés sont capables de grandes
choses. La majeure partie de la garnison de
Menin étoit composée d'émigrés français ; vers
une heure après minuit, ils firent une sortie
vigoureuse entre la porte d'Ypres et celle de
Courtrai. Au *qui vive*, ils répondirent en français et au nom d'un bataillon français ; ils égor-
gèrent les postes qui étoient sur ce point, et
non-content d'échapper au plus grand de tous
les dangers, ils firent des prisonniers. Un exploit aussi hardi quoique fait par nos plus grands
ennemis, mérite une place dans notre Histoire.

Le même jour que Menin se rendit aux
Français, Landrecies devint la proie des Autrichiens, sans avoir fait la résistance qu'on auroit dû en attendre.

Après ces premiers avantages ; Pichegru
instruit par l'expérience, vit que tant qu'on
s'obstineroit à agir sur le centre, on ne pouvoit pas espérer de succès. Il changea donc
totalement de plan, se détermina à n'agir vigoureusement que sur les ailes, et ne tenta
pas de reprendre Landrecies.

Il ne laissa donc plus dans les places du
centre, que les garnisons suffisantes pour les
mettre à l'abri d'un coup de main ; fit venir

20,000 hommes qui avoient été battus près de Cambrai, et les fit camper à Sanghien, pour les rapprocher du corps victorieux qui étoit à Courtrai; il fit marcher toutes les autres troupes sur la Sambre, pour agir avec l'armée des Ardennes, contre le flanc gauche des ennemis· Ces troupes commandées, savoir celles de l'armée du Nord, par le Général Desjardins, e-celle des Ardennes, par le Général Charbonnier, agirent ensemble, s'emparèrent de Beaut mont, et firent quelques incursions dans le territoire d'entre Sambre et Meuse.

CHAPITRE

CHAPITRE IV.

Combat de Courtrai, prises de Thuin, Fontaine - l'Evêque et Binch; défaite de l'Armée anglaise à Lannoi, Turcoing, etc., retraite de Clairfait à Thielt, combat sanglant à Pont - Achin.

CLAIRFAIT ayant reçu de nouveaux renforts, s'étoit porté sur Thielt, pour couvrir la Flandre. Le 21 Floréal (10 Mai v. st.), il fit l'entreprise de nous chasser de Courtrai, et vint nous y attaquer par la gauche de la Lys. Le même jour, une partie de la division de Souham fit une découverte sur la droite de cette rivière, pour reconnoître les rives de l'Escaut, et chasser de Coëghen, Dotignies et des autres postes, un corps de troupes Hannovriennes, qui auroient pu donner la main à Clairfait. Nos troupes, qui avoient demeuré à Courtrai, firent une bonne résistance, et arrêtèrent Clairfait dans son projet; mais, comme le 22 (11 Mai v. st.) il auroit pu se faire qu'elles auroient été trop foibles pour lui résister, la division qui étoit allée à la découverte, reçut à onze heures du soir l'ordre de venir

B

renforcer la garnison de Courtrai, et de la mettre en même d'attaquer l'ennemi. Cette contre-marche se fit sans bruit, et à quatre heures du matin tout fut au même état que la veille.

L'ordre fut donné d'attaquer Clairfait, à trois heures précises de l'après-midi. Les Généraux Macdonal (5) et Malbrank reçurent celui d'aller passer la Lys à Menin, et de prendre l'ennemi à dos pendant la sortie qu'on feroit de Courtrai ; cette opération étoit parfaitement bien combinée ; mais les troupes de ces deux Généraux, fatiguées des marches de la veille ne purent pas être rendues à tems pour l'exécuter.

Les dispositions de l'ennemi devant Courtrai étoient supérieurement faites, il avoit établi sept batteries depuis la chaussée de Bruges jusqu'à celle de Menin, dont deux couvroient de mitraille ces deux défilés, les seuls par où nous pouvions opérer une sortie. Leurs tirailleurs étoient postés dans les maisons des deux fauxbourgs, dans les bleds et les colzats, jusques sous les moulins qui nous servoient de cavaliers ; leurs bataillons et leurs escadrons, qui formoient le cordon de l'arc, avoient de superbes positions dans la plaine ; et quoique Clairfait n'ait jamais eu le dessus avec Pichegru, les militaires de bonne foi, n'ont jamais pu s'empêcher de lui accorder les talens et les connoissances d'un très-grand Général ; il n'a cessé d'en donner des preuves.

La multiplicité de tant d'obstacles n'effraya point nos jeunes militaires. Ils firent leur sortie au milieu des boulets et de la mitraille ; ils parvinrent à se développer, et se battirent avec tant d'acharnement jusqu'à dix heures du soir, que Clairfait, désespérant de pouvoir leur résister, profita de l'obscurité de la nuit, augmentée par un brouillard très-épais, pour se retirer à Thielt ; sa retraite fut même si précipitée, qu'il laissa ses morts et ses blessés sur le champ de bataille. Le Général Autrichien Wanekem y perdit la vie.

Notre perte dans cette sanglante sortie, fut à-peu-près de quatre à cinq cens hommes ; il n'en resta sur la place qu'environ deux cens ; mais de six à sept cens blessés qu'on enleva, il en mourut plus de la moitié, l'ennemi en perdit pour le moins autant.

Ce combat étoit le second que les réquisitionnaires voyoient. Tous les morts et les blessés qu'on enlevoit traversoient les rangs, et il ne faut rien moins que le fanatisme de la liberté, pour n'être pas rebuté par un spectacle aussi déchirant. Que la France ait trouvé des Généraux capables de conduire les troupes à la victoire, cela se conçoit sans peine ; une Nation instruite, que le Vandalisme n'avoit pas encore totalement ravagée, renferme des hommes éclairés, à qui il ne faut que des occasions pour se montrer grands ; mais que de nos chaumières paisibles il sorte subitement des soldats capables de faire face aux troupes les mieux aguerries, voilà ce qui doit étonner, et faire trembler en même-tems tous les ennemis de notre Patrie. La Mythologie nous dit, dans ses hyperboliques allégories, que les fondateurs de Thèbes sortirent tout armés de la terre ; l'Histoire peut assurer sans hyperbole, que les Français naissent soldats, et qu'il ne leur faut que des armes.

Le même jour 22, (11 Mai v. st.), pendant que nous triomphions à Courtrai, l'aile droite de l'armée du Nord, réunie à celle des Ardennes, passoit la Sambre, et s'emparoit de Fontaine-l'Evêque et Binch ; mais des renforts arrivés du centre aux armées Autrichienne et Hollandaise, la forcèrent le 24 (13 Mai v. st.) à la repasser.

Cette armée agissoit sans accord ; elle étoit terrifiée par Saint-Just et Lebas, plus que par les cohortes ennemies. Ces deux tyrans vouloient la faire agir vivement ; mais ils ne connoissoient, ni n'étoient en état de connoître ses moyens d'exécution. Ils croyoient que pour vaincre, il suffisoit de mettre le soldat entre la mort et la victoire ; voilà pourquoi leurs extravagans arrêtés portoient presque tous peine de mort pour les fautes les plus légères. Quand on pense que ces monstres ont fait fusiller des militaires pour avoir été sans permission à leur Etat-major, on est tenté de croire qu'ils avoient plutôt envie de détruire notre armée que celle des ennemis. Ce qui peut venir à l'appui de cette conjecture, c'est que depuis le 24 Floréal, (13 Mai v. st.), ils firent impérativement passer et repasser plusieurs fois la Sambre, sans avoir calculé les moyens de se maintenir de l'autre côté, et cela donna lieu à plusieurs combats très-sanglans, qui nous firent perdre une quantité prodigieuse de braves défenseurs, et qui n'eurent aucune influence dans le succès de la campagne.

Après l'avantage obtenu à Courtrai, Pichegru remit pour quelques jours le commandement de toute l'aile gauche, au Général Souham, et se rendit à l'aile droite, pour l'organiser, la faire agir avec méthode, et accélérer ses opérations. Il prit même des mesures pour lui faire repasser la Meuse, et pour attaquer Charleroi ; mais voyant que les deux tigres, que j'ai déjà nommés, vouloient, d'une volonté de tyrans, ne faire la guerre qu'à coup d'hommes, sans tactique ni méthode, il revint promptement donner ses soins à l'aile gauche.

La pointe hardie que cette portion d'armée avoit fait dans la Flandre, attiroit principalement l'attention des coalisés.

L'Empereur trompé par les succès de la campagne précédente, ne rêvant que victoires, s'étoit rendu en personne sur la frontière. Lui et Cobourg vinrent à Tournai avec 20,000 hommes, ils se joignirent au Duc d'Yorck, qui y étoit déjà avec l'armée Anglaise et Hannovrienne, et ils formèrent le téméraire projet de bloquer la portion d'armée qui étoit à Courtrai. Cette entreprise étoit concertée avec Clairfait, et fut on ne peut pas mieux conduite, tant de la part du Duc d'Yorck, que de celle de Clairfait : le lecteur va en juger.

Le Duc d'Yorck partit le 28 (17 Mai v. st.) de Tournai, avec une armée de 45,000 hommes, attaqua le camp de Sanghien, et s'empara de Lanoi, Turcoing, Roubaix, Mouveau, en un mot, de tous les postes qui sont à la droite de la grande route de Lille à Courtrai. Clairfait partant de Thielt avec un corps de 25,000 hommes , égorgea les postes qui gardoient la Lys , passa cette rivière à Vervik et Comines, et vint prendre position sur les hauteurs du Blaton et de Lincelles ; il ne lui falloit plus que trois quarts d'heures pour opérer sa jonction avec l'armée du Duc d'Yorck , et pour couper toute communication entre Lille et Courtrai ; mais ou la prudence, ou la lenteur de la marche l'empêchèrent d'arriver avant la nuit du 28 (17 Mai v. st.), de manière que laissant libre la grande route de Lille à Courtrai , les ordres de les prendre sur le tems, et d'attaquer le lendemain à la pointe du jour , parvinrent aux troupes qui s'étoient retirées autour de Lille.

Le lendemain , 29 Floréal, (18 Mai v. st.) à quatre heures du matin, la principale attaque se dirigea contre l'armée partie de Tournai. Elle fut des plus vigoureuses , et la résistane fut très-opiniâtre. Le combat dura presque toute la journée , et la victoire demeura long-tems indécise ; mais enfin l'audace et la constante bravoure de nos soldats , la fit pencher de notre côté. L'ennemi fut enfoncé , se mit en déroute , et s'enfuit à Tournai , laissant sur le champ de bataille une quantité prodigieuse de morts et de blessés.

Cette victoire nous valut 1,500 prisonnier

6o canons, beaucoup de chevaux de selle et d'artillerie, beaucoup de bagages, de cais-sons, deux drapeaux et deux étendarts; et le Duc d'Yorck, qui avoit établi son quartier-général à Roubaix, ne dut son salut qu'à la legèreté de ses chevaux.

Le corps, commandé par Clairfait, fut attaqué par la division de Moreau, à huit heures et demie du matin; comme il avoit la supériorité du nombre et l'avantage des positions, il eut un moment de succès. Notre avant-garde plia un instant, et les charrois, ainsi que le parc qui étoit à Halluin, frappés d'une terreur panique, se mirent en déroute, et filèrent sur Lille; mais nos braves défenseurs eurent bientôt repris courage, et quand on eut battu le Duc d'Yorck, on ne projettoit rien moins que de bloquer Clairfait sur la rive gauche de la Lys, et de le forcer, s'il y passoit la nuit, ou de se rendre, ou de passer cette rivière à la nage. Il apprit sans doute la défaite du Duc d'Yorck, puisqu'il profita des ténèbres de la nuit pour repasser la rivière, et il fit sur Thielt une si belle retraite, que le lendemain on ne découvrit aucun vestige de son armée.

Pour se rapprocher de Tournai, reconnoître les endroits où l'on pourroit passer l'Escaut, faire l'investissement de cette place, si on en trouvoit l'occasion, et profiter du dénuement d'artillerie où la victoire du 29 Floréal (18 Mai v. st.) avoit réduit l'ennemi, l'armée se mit en mouvement le 3 Prairial (22 Mai v. st.), et se porta sur la rive gauche de l'Escaut. Ce mouvement, qui n'aboutit à rien, par la raison qu'on changea de projet, fut très-funeste, et enleva à la République une grande quantité de braves soldats ; il est vrai que leur courage les entraîna plus loin que Pichegru n'avoit ordonné. Il s'engagea sur plusieurs points, mais sur-tout près de Pont - Achin, les combats les plus vifs et les plus meurtriers de la campagne ; on se battit toute la journée avec une opiniâtreté et un acharnement inoui, sans aucun avantage de part ni d'autre, et enfin nos troupes rentrèrent la nuit dans leurs positions de la veille.

La perte fut très - considérable des deux côtés ; les relations des ennemis portoient la leur à 3000 hommes. On peut, sans exagérer, porter la nôtre à ce taux, et cette sanglante affaire n'aboutit qu'à brûler sur l'Escaut quelques belandres chargées de fourrages. On peut regarder ce combat comme le plus meurtrier que nous ayons eu pendant toute la campagne.

CHAPITRE V.

Passages réitérés de la Sambre par l'aile droite de l'Armée du Nord ; retraite de l'Empereur à Vienne ; fausse attaque sur Ypres ; investissement de cette Place ; bataille d'Hooglède ; capitulation d'Ypres.

L'AILE droite de l'armée du Nord avoit repassé la Sambre le premier prairial (20 mai v. st.) ; elle avoit encore une fois repris Fontaine-l'Évêque et Binch, et avoit fait l'investissement partiel de Charleroi. Elle se maintint quelques jours dans cette position ; mais le 5 (23 mai v. st.), le Général Kaunitz s'étant renforcé avec les troupes qu'il avoit tirées du centre, nous attaqua avec vigueur, et nous força encore de repasser la rivière. Nous perdîmes dans cette malheureuse affaire 25 canons, sans compter les morts : l'ennemi nous fit plus de 12 ou 1300 prisonniers.

Le 6 (25 mai v. st.) et les jours suivans, ce corps d'armée fit de nouvelles tentatives pour repasser cette rivière ; mais tous ses efforts furent infructueux, malgré la guillotine et la fusillade, dont Saint Just menaçoit les vaincus.

Le 10 (29 mai v. st.), cette aîle droite reprit encore ses positions au-delà de la Sambre , forma de nouvea le blocus de Charleroi, et commença le 11 (30 mai , v. st.) à y envoyer des bombes ; mais le 15 , l'ennemi renforcé par des troupes qu'il avoit fait venir de Tournai, prit le moment que la garnison de Charleroi faisoit une sortie pour nous attaquer. Il nous força de repasser encore la Sambre , et de lever le siége de Charleroi , dont une partie étoit déjà en feu.

Si Saint-Just et son digne acolyte Lebas, avoient aussi bien connu la tactique militaire que le métier de bourreau, au lieu de s'opiniâtrer au siège de Charleroi, au lieu de diviser les forces devant cette place, au lieu enfin de commencer par où l'on doit finir , si après avoir passé la Sambre ils avoient cherché à battre l'ennemi, s'ils y avoient réussi ils auroient obtenu dès le commencement la supériorité de la campagne. Le siége de Charleroi auroit alors éprouvé bien moins de difficultés; tant de braves gens qui ont perdu la vie dans ces passages réitérés , vivroient pour servir la République et nos succès auroient été bien plus rapides. Mais ces deux cannibales n'avoient aucune connoissance en tactique, ils ne savoient que destituer, in-

carcérer et faire mourir ceux qui en avoient.
Ces deux buveurs de sang vouloient-ils faire
prospérer nos armes ? je soutiens que non :
ou s'ils le vouloient on peut hardiment conclure, qu'ils étoient les êtres les plus cruellement ineptes qui aient jamais existé.

La postérité crayonnera avec l'encre la plus
noire, les noms de ceux qui ont marché sur
les traces de Saint-Just. Pour moi qui n'ai
jamais su médire parmi tant de Proconsuls qui se sont indignement conduits, soit
dans les départements, soit dans les armées,
je ne nommerai que ces deux là. Il faut
encore que j'y sois forcé par les circonstances;
mais je ne veux pas que le public impute
les fautes de ces hommes méprisables, aux
braves militaires qui ne les ont pas partagées.

L'Empereur, témoin de la mauvaise tour-
nure que prenoient ses affaires, ne put pas
plus long tems en supporter la vue; voyant qu'il
n'y avoit plus de lauriers à cueillir et que le
seul pays que les Français pussent lui enva-
hir alloit tomber dans leurs mains, quitta
brusquement Tournai, partit pour Bruxelles
et reprit très-promptement la route de Vienne.

Après la sanglante journée du 3 Prairial
(22 Mai v. st.), l'aile gauche de l'armée du
Nord prit quelques jours de repos dans ses

positions de Courtrai et de Sanghien. Pour faire des entreprises sur Tournai il auroit fallu faire agir dans des plaines immenses une infanterie et une cavalerie d'une bravoure éprouvée ; mais pas assez exercées aux manœuvres que l'on devoit exécuter ; d'ailleurs en agissant sur Tournai on se rapprochoit du centre de l'ennemi, ce qui lui auroit donné la facilité de porter ses forces dans une marche, à droit, ou à gauche, là où il auroit voulu.

On eut encore le projet d'attaquer Clairfait à Thielt ; mais il y avoit trop de distance, et il étoit à craindre que Clairfait ne fût prévenu avant qu'on eût pu l'atteindre.

Toutes ces considérations déterminèrent Pichegru à faire retrancher la ville de Courtrai pour la mettre à l'abri d'un coup de main, à abandonner toute entreprise sur Tournai et à faire une fausse attaque sur Ypres ; son but étoit d'attirer Clairfait, qui naturellement devoit venir au secours de cette place, de le battre et de rendre par sa défaite le siège d'Ypres bien moins difficile.

On fit donc approcher des troupes le 13 Prairial (1 Juin v. st.), qui arrivèrent devant Ypres du côté d'Elverdingue et de Villecatte. Le 14 (2 Juin v. st.), on établit quelques batteries de mortiers et d'obusiers, qui commencèrent à tirer sur la ville le 15 (3 Juin v. st), et causèrent quelques incendies.

Clairfait dut pénétrer ce projet; car il ne vint pas comme on l'avoit espéré.

Alors on se détermina sérieusement à faire le siège d'Ypres. Cette entreprise étoit la seule qu'on pût tenter dans ce moment avec quelque avantage; cette place étoit absolument nécessaire pour assurer la position de notre armée dans la Flandre et il n'y avoit d'autre moyen d'attirer Clairfait et de le battre.

Ypres fut donc cerné le 17 Prairial (5 Juin v. st.), et l'armée d'observation vint camper entre Paschendal et Longuemark. Le commandement en fut confié au général Souham, et le général Moreau eut celui de l'armée de siège.

L'attaque régulière de cette place attira l'attention de Clairfait, qui laissa bientôt les positions de Thielt et s'avança jusqu'à Rousselaer et Hooglède. On apprit par les déserteurs et par les rapports des espions, qu'il n'attendoit que des renforts pour nous attaquer; mais comme Pichegru connoissoit le caractère des soldats français, et qu'il a toujours eu pour principe de ne pas se laisser attaquer, il donna ordre de prévenir l'ennemi. En conséquence l'armée d'observation se mit en marche le 22 Prairial (10 Juin v. st.). Deux de nos colonnes parties de Courtrai se trompèrent de chemin et ne suivirent pas parfaitement leur instruction, ce qui retarda l'attaque : malgré ce contre-tems, l'ennemi, sans être entièrement défait, fut pourtant repoussé et obligé de se retirer en désordre sur Thielt. Nous fimes dans cette occasion un assez grand nombre de prisonniers et demeurâmes maîtres du champ de bataille ; on fit plus, on s'empara des positions que l'ennemi avoit pris à Rousselaer et et à Hooglède.

Clairfait s'étant considérablement renforcé par les troupes que Cobourg lui avoit envoyées de Tournai, nous attaqua le 25 (13 Juin v. st.) sur tous les points, depuis Rousselaer jusqu'à Hooglède. Avec des forces supérieures et l'initiative de l'attaque, il devoit se promettre les plus grands succès ; il entrevit même un instant la victoire ; car son premier choc culbuta et mit en déroute notre aile droite, qui lui abandonna Rousselaer. Mais la division du général Souham et sur-tout la brigade de Macdonal, qui occupoit la plaine d'Hooglède, lui fit bientôt perdre ce premier avantage. Cette brigade, n'étant plus appuyée sur la droite, fut attaquée de front et de flanc, et elle étoit dans

une si mauvaise position, que tout autre que
Macdonal auroit fait battre la retraite ; mais
ce brave Ecossais soutint le premier choc avec
une opiniâtreté extraordinaire ; il fut bientôt
renforcé par la brigade de Devinther , et ces
deux colonnes se battirent avec tant d'acharnement , que l'ennemi fut obligé de plier.
On ne fit pas ce jour-là de prisonniers ; mais
on tua une très grande quantité d'ennemis et
on força Clairfait à abandonner Rousselaer et
à se retirer dans ses positions ordinaires de
Thielt.

Cette bataille a été une des plus sanglantes
de la campagne ; mais aussi elle a été la plus
décisive, puisqu'elle nous a rendus maîtres
d'Ypres , de toute la West Flandre , et que
depuis ce moment l'ennemi n'a pu nous resis-
ter , ni au centre , ni à droite , ni à gauche.

Macdonal avoit été destitué par Saint Just
sous prétexte que n'étant pas vociférateur ,
il ne pouvoit pas être patriote ; les Généraux
avoient eu beau affirmer que ce Général étoit
un excellent officier , un bon républicain,
et qu'ils répondoient qu'au lieu de trahir la
République il la serviroit en brave et bon militaire, n'importe , Saint-Just vouloit désorganiser l'armée , il le destitua. On prétend que
Richard eut le courage de faire brûler l'arrêté

de

de Saint-Just, et de laisser continuer le service à ce brave militaire. Si cela est vrai, graces soient rendues à ce bon Représentant. Macdonal a parfaitement bien servi dans toutes les occasions; mais à Hooglède il nous a sauvés. S'il ne s'y fut pas trouvé, nous aurions été peut-être obligés de lever le siège d'Ypres. Que les militaires mesurent l'étendue des maux qui en auroient résulté.

La garnison d'Ypres ayant appris la défaite de Clairfait, capitula le 29 (17 Juin v. st). Quoique forte de 6 à 7 mille hommes, elle ne pouvoit plus nous résister; elle accepta donc toutes les conditions qu'on lui proposa. Elle laissa tout ce qui étoit dans la place, déposa les armes sur les glacis et fut faite prisonnière de guerre.

C

CHAPITRE VI.

Composition de l'armée de Sambre et Meuse. Cette nouvelle Armée repasse la Sambre et recommence le siège de Charleroi ; ce siège est levé et bientôt repris ; l'ennemi évacue les postes qui sont en avant de Valenciennes, etc.

PENDANT que l'aile gauche de l'armée du Nord faisoit l'investissement d'Ypres et cherchoit l'armée de Clairfait, Jourdan à la tête de 30,000 hommes, détachés de l'armée de la Moselle, traversoit les Ardennes èt s'emparoit de Dinant le 15 Prairial (3 Juin v. st.). Au moment où l'armée des Ardennes et l'aile droite de celle du Nord venoient d'être repoussées et forcées de lever le siège de Charleroi, il opéra sa jonction.

Toutes ces troupes réunies reçurent par un décret le nom d'armée de Sambre et Meuse ; le commandement actif en fut confié à Jourdan, mais elle continua de recevoir les ordres du Général Pichegru. On rassembla cette armée, et elle fut mise en mouvement le 24 Prairial (12 Juin v. st.), pour tenter encore le passage

de la Sambre. Malgré une vigoureuse résistance de la part de l'ennemi, Jourdan fit passer
la rivière et fit même reprendre les travaux
de Charleroi ; mais le succès ne fut que pas-
sager, car le 28 (16 Juin v. st), après une
action des plus vives et des plus meurtrières,
on fut forcé de lever le siège et de se retirer
derrière la Sambre; le 30 (18 Juin v. st.)
Jourdan revint encore à la charge et la constante bravoure de nos défenseurs fut enfin
couronnée. Malgré une foule d'obstacles qui
paroissoient insurmontables, nos troupes prirent position entre Mons, Bruxelles et Charleroi ; le siège de cette dernière place, tant de
fois entrepris et abandonné, fut encore une fois
recommencé, et c'est de cette époque qu'on
peut dater les succès brillans et continus de l'armée de droite pendant le reste de la campagne.

C'est à la froide politique à calculer les hommes qu'ont coûté les passages réitérés de la
Sambre et les sièges répétés de Charleroi;
le philosophe sensible jette un coup-d'œil rapide sur l'aveuglement des humains, qui ac-
courent, comme au spectacle, sur un point
donné, s'y font massacrer, ou massacrent de
sang froid d'autres hommes de qui ils n'ont
reçu aucune offense, qu'ils n'ont jamais vu,
pour un terrein dont ils n'ont que faire et pour

des mots qu'il n'entendent pas. Les animaux les plus féroces ne se battent que pour défendre leur subsistance, ou l'objet de leur affection ; les Français se sont battus pour défendre leurs foyers et empêcher leur territoire de subir le sort de la Pologne, leur motif étoit donc légitime ; mais ceux qui se battent pour un homme qu'ils n'affectionnent pas, qu'ils ne connoissent même pas, qui se dit leur maître et les force de s'exposer à tous les dangers pour maintenir sa puissance ; comment leurs volontés et leurs bras peuvent-ils être mus par de si foibles motifs ? En vérité.... mais jettons un voile épais sur les extravagances de l'humanité, elle a été et sera toujours incorrigible, et contentons-nous de conclure que l'homme est le plus sot et en même - tems le plus méchant de tous les êtres créés.

Le Prince de Cobourg qui, pour garder l'Escaut, étoit resté à Tournai avec l'armée Anglaise et la réserve de l'armée Autrichienne, fut un peu déconcerté lorsqu'il sut que les Français étoient devant Charleroi. Il devoit faire tous ses efforts pour renforcer l'armée qui agissoit sur la Sambre, afin de nous faire lever le siège ; en conséquence il ne laissa pour empêcher le passage de l'Escaut que l'armée Anglaise, il fit évacuer les postes qu'il avoit en avant de

Valenciennes, le Quesnoy etc. et alla avec
la réserve rejoindre son aile gauche. Mais
la victoire commençoit à sourire aux Républicains, et l'on verra que tous ses efforts et
sa bonne tactique vinrent se briser devant
l'audace é nos braves défenseurs.

Après l'affaire d'Hooglède et la prise d'Ypres,
toute la West-Flandre devoit naturellement
tomber au pouvoir des Français, et on regardoit
si bien cette partie de la Belgique comme conquise, que le 2 Messidor (20 Juin v. st.) l'armée du Nord eut ordre d'obliquer à droite, et
elle vint prendre position derrière Wackem et la
Mendelle. L'ennemi après avoir quitté Thielt
avoit établi des postes près de Deinse ; mais une
reconnoissance un peu forte l'eut bientôt dé-
busqué de cette position. Ayant été instruit
de notre marche sur la Mendelle, pour ne pas
engager une affaire, il se retira sur Gand ; nos
reconnoissances le poursuivirent jusqu'aux
portes de cette ville et lui firent beaucoup de
prisonniers Hanovriens. C'étoient les premières
troupes Anglaises qu'on eut prises depuis la publication de cette infâme loi qui ordonnoit de
les massacrer : on verra plus bas la conduite
qu'ont tenue nos soldats envers ces malheureux.

L'on auroit pu dans cette circonstance s'emparer de Gand; mais le tems de cette conquête n'étoit pas encore arrivé. Cette place immense auroit exigé une forte garnison qui auroit affoibli l'armée; et cette ville n'étoit pas d'une influence réelle pour la campagne; d'ailleurs Pichegru avoit conçu un projet bien mieux combiné et bien plus sûr, mais le Comité de Salut Public lui ordonna impérativement d'y renoncer. Ce projet va paroître aux yeux du lecteur; que ceux qui savent mener les troupes à la victoire le jugent.

CHAPITRE VII.

Projet de passer l'Escaut près d'Oudenarde; entrée des Français à Bruges, Ostende et Gand; prise d'Oudenarde et de Tournai.

Pichegru avoit formé le projet de passer l'Escaut près d'Oudenarde. Son dessein étoit de séparer Clairfait de l'armée Anglaise, de l'empêcher de se retirer sur Bruxelles et de le battre séparément. Il se seroit ensuite porté sur les derrières de l'armée ennemie qui agissoit sur la Sambre; il l'auroit ou détruite, ou mise dans l'impossibilité d'agir ensemble, et il eut très-certainement fait sa jonction avec Jourdan; ce projet étoit superbe, presque immanquable et très économe de sang humain; mais là où les vautours règnent il faut des cadavres.

En exécution de ce plan, l'armée campa le 7 Messidor (25 Juin v. st.) entre Cruipshauten et Moëreghem, le 9 (27 Juin v. st). Elle s'approcha d'Oudenarde en prenant position entre Norteghem et Huisse, et le passage fut résolu pour la nuit du 10 au 11 (28 au 29 Juin. Dans cet intervale arrive un autre plan décoché par le Comité de Salut Public, avec l'ordre très-impératif de s'y conformer. Il consistoit à aller s'emparer d'Ostende. Notez qu'une partie de la division de Moreau, qui déjà se trouvoit à Bruges, n'avoit qu'à se montrer, pour qu'Ostende lui fût livré. Ce beau plan commandoit encore de détacher 16,000 hommes de l'armée du Nord, pour les envoyer à l'Isle de Valcherem. Ce projet d'expédition en Zélande étoit bien la conception la plus insensée qui soit sortie du cerveau des hommes ; aussi n'eut-il d'autre suite que de priver l'armée de la présence de 16,000 bons soldats, et de les laisser dans l'inaction l'espace de deux mois entiers.

Plusieurs militaires se sont demandé pourquoi Pichegru n'avoit-il pas tenté d'éclairer le Comité de Salut Public, sur l'absurdité du plan du Comité et sur l'infaillibilité de l'autre ? Pourquoi ne songea-t-il pas à temporiser, et marcha-t-il si promptement à Bruges, que laissant la route de Courtrai à Gand, chargée de nos convois de pain, ils devinrent la proie de l'ennemi ? Pourquoi enfin eut-il l'air de faire une retraite forcée, au milieu de ses plus grands triomphes ? Tous ces pourquoi, sont ici fort à leur place; mais la solution n'en est pas difficile; on sait que l'*ultima ratio* de nos tyrans étoit le Tribunal révolutionnaire, d'où l'on ne sortoit pas plus que de l'antre du lion. Prouver à des ignorans qu'ils se trompent, c'est vouloir s'attirer leur haine, et si ces sots ont des pouvoirs, ils persécutent. Pichegru dut donc obéir et se taire; d'ailleurs plusieurs Représentans lui avoient laissé entrevoir que sa gloire commençoit à offusquer les chats - huans de la Convention, ainsi que ceux de la trop fameuse société ; or, il est dangereux de montrer la lumière aux oiseaux nocturnes, ils ne peuvent la supporter.

Conformément aux ordres suprémes , l'armée du Nord remonta le 12 Messidor (30 Juin v. st.) à Deinse, et arriva le 13 (1 Juillet v. st.) à Bruges, dont la division de Moreau s'étoit emparée le 11 (29 Juin v. st.). Lord Moira y avoit passé le 10 (20 Juin v. st.) avec 5000 hommes de troupes nouvellement débarquées à Ostende, qu'il conduisoit à Gand pour renforcer l'armée qui devoit nous résister sur l'Escaut.

Ostende se trouvant dégarni de troupes, nous y envoyâmes une reconnoissance; la petite garnison qui y avoit demeuré, prit une si grande frayeur à l'aspect de ce peu de troupes, que sans tirer un seul coup de canon, elle s'embarqua, et nous en laissa prendre possession le 13 Messidor (1 Juillet v. st.).

N'ayant plus d'armée à combattre dans la West-Flandre, Nieuport et les autres places fortes étant livrées à leurs propres forces, Pichegru laissa les divisions de Moreau et de Michaud, pour garder la côte et faire les sièges de Nieuport, l'Ecluse, etc. L'aile gauche fut donc séparée quelque tems du corps d'armée ; mais le centre et l'aile droite suffisoient pour poursuivre et battre l'ennemi.

Le 15 (3 Juillet v. st.) l'armée partit de Bruges pour se rendre à Gand. Elle se partagea en deux corps qui, marchant sur les deux rives du canal, faisoient un assez beau coup-d'œil ; elle passa la nuit auprès de Saint Joris-tendelle et Knesselaire. Le lendemain elle traversa la ville de Gand que l'ennemi venoit d'évacuer. Elle fut reçue au milieu des cris de joie des habitans, qui depuis sans doute ont dû chanter sur une autre gamme.

Quelque mauvais sujets de l'armée peuvent bien avoir volé un petit nombre d'individus des pays conquis ; cependant ces pillages ne sont pas capables de faire crier contre notre Armée ; car ils sont peut-être moindres que ceux des Armées ennemies. Mais les Représentans réquisitionnaires, les Commissaires de Guerre, et sur-tout l'Agence de Commerce, ont ruiné pour long-tems ces malheureux pays. Croira-t-on que sous pretexte de subvenir aux besoins des troupes on ait mis en réquisition le vernis, les dentelles, etc? Quelqu'un étoit bien intéressé à mettre l'embargo sur les marchandises de luxe. Un jour tout se découvrira. Que les coupables dorment en attendant s'ils le peuvent.

Le 15 (3 Juin v. st.) Oudenarde se rendit, et la veille Tournai avoit été évacué; de manière que le même jour, Gand, Oudenarde et Tournai tombèrent en notre pouvoir. Ce n'est point en faisant massacrer des hommes devant ces places que nous en fîmes la conquête; c'est plutôt en battant l'ennemi en plein champ et par une suite de bonnes combinaisons. Cette campagne doit convaincre tous les militaires que l'ancienne tactique, qui commençoit par les sièges et faisoit assassiner tant de monde dans les tranchées, n'est pas la meilleure. Une place bien fortifiée est imprénable tant qu'elle est défendue par une bonne Armée; mais il n'est pas de forteresse qui puisse tenir quand les troupes qui doivent la défendre sont bien battues. Valenciennes, le Quesnoy, Condé, u xemb ourg, etc. viennent a l'appui de cette assertion; Pichegru n'a jamais assiégé que les places qui lui étoient absolument nécessaires pour assurer la position de son armée; et avec cette méthode il en a plus envahi qu'aucun des Guerriers qui l'ont précédé.

CHAPITRE VIII.

Décret qui défend de faire des prisonniers Anglais. Autre décret qui ordonne de passer au fil de l'épée les garnisons qui gardoient nos quatre forteresses. Réflexion sur ces deux loix.

JE n'ai jamais cru aux manèges qu'on a supposé que Cobourg pratiquoit dans nos Armées et dans l'intérieur de la France. Ce Prince est un franc militaire, étranger aux menées machiavéliques employées avec tant de succès par la Cour de Londres ; cependant le peuple de France l'a toujours accolé à Pitt et à toutes ses intrigues ; il a même été un tems où il en étoit si persuadé, que si les tours de Notre-Dame étoient tombées, il auroit affirmé que Pitt et Cobourg avoient payé pour les faire crouler. Sans donner aux intrigues du Chancelier de l'Echiquier, autant d'étendue qu'on leur en a donné, je ne laisse pas d'être très-persuadé que ses ruses et son argent nous ont fait bien du mal en faisant faire des extravagances à nos Législateurs ; mais je n'ai pas de motif pour croire que Cobourg fût de la partie.

On sera étonné de ce que je vais dire ; mais

n'importe ; si mes conjectures sont vraies, elles doivent prémunir nos Législateurs contre les subtilités du Cabinet de Saint-James ; ne fussent-elles pas de la dernière exactitude, on doit les supposer vraies et agir en conséquence de cette supposition.

Je ne partage pas l'opinion de beaucoup de politiques, qui affirment que c'est le Cabinet de Saint-James, qui a enfanté les révolutions de la France, qui a soldé toutes les factions, en même-tems que toutes les Puissances belligérantes ; qui a organisé l'émigration et la guerre de la Vendée, et qui seule a fait armer toutes les Puissances de l'Europe contre les Français. Quoique ces conjectures ne soient pas dénuées de tout fondement, il ne faut pas les adopter sans examen ; mais il faudroit avoir une forte dose de pyrronisme pour les rejetter absolument.

Pour élever une demi-nation à son zénith de gloire et de prospérité, ce n'est pas par la force que Pitt pouvoit opérer cette merveille. Au défaut de ce levier, il a dû employer la ruse et l'intrigue ; il s'en est donc servi non-seulement contre nous ; mais même contre toutes les Puissances coalisées. Pitt mérite la haine de toute l'Europe ; mais il mérite la reconnoissance des Anglais ; on dira que ses

moyens ne sont ni loyaux ni délicats, il gouverne l'Angleterre, voilà son excuse.

Croire que l'intérêt des Bourbons et celui
des Emigrés français entroient pour quelque
chose dans le plan de l'Angleterre, ce seroit
ne pas connoître le génie malfaisant du Cabinet de Saint-James; non, ces accessoires,
qui servoient pourtant de prétexte, n'entroient
pour rien dans les vastes projets de son minis-
tère. Anéantir nos finances, écraser notre commerce, détruire nos manufactures et donner
à l'Angleterre une influence générale et presque exclusive sur tout le commerce du monde;
voilà en abrégé les résultats que s'est promis
ce perfide Cabinet. Si chemin faisant il avoit
pu faire partager notre territoire entre les Puissances coalisées et arracher ce poids énorme de
la balance politique de l'Europe, il n'auroit,
sans doute, pas manqué de le faire; mais
le fanatisme de la liberté et un courage sans
exemple, sur lequel Pitt n'avoit pas compté,
ont fait manquer une partie de son plan :
revers fâcheux, qui pourroient bien anéantir
sous peu de tems tous les succès que l'Angleterre a obtenus, et la faire descendre au nadir
de sa prospérité; car la prospérité ainsi que
l'adversité des Nations ont un terme. Une
paix de dix ans, le rétablissement des écoles

de marine, la construction d'un certain nombre de vaisseaux, des loix sages qui fassent rentrer nos Colonies dans le giron de la métropole, et sur-tout de la concorde parmi les Français, voilà les moyens qui doivent amener promptement cette catastrophe.

Pour obtenir tous les décrets extravagans qui sont sortis de la Convention, tant contre les Anglais domiciliés en France que contre ceux des Armées, il falloit que l'Angletterre eût des partisans, et à la Convention et aux Jacobins; dire que Pitt a fait solliciter ces loix par ses sicaires, c'est un peu fronder l'opinion reçue; c'est pourquoi je prie mes Lecteurs de se reporter au tems de l'émission de ses loix, d'examiner mûrement les circonstances qui les ont fait porter, et de signaler les personnes qui les ont provoquées.

Tout le monde sait que la Nation Anglaise a eu long-tems la plus grande répugnance à s'engager dans la guerre de la coalition; que dans les premiers tems, c'étoit la Cour qui nous la faisoit, et non la Nation Anglaise. Or, pour que la Cour pût avoir les moyens de pousser cette guerre, il falloit parvenir à la nationaliser. L'intérêt des Bourbons, que les Anglais n'avoient jamais aimé, et celui de notre Noblesse, qu'ils détestoient, ne faisoient pas assez d'impression sur ce peuple phlegmatique ; il fallut donc faire jouer d'autres ressorts pour l'émouvoir, et il n'y avoit pas de meilleur moyen que d'attaquer les parens et les amis de ce Peuple : voilà, je pense, ce qui fit que Pitt sollicita la première loi qui ordonnoit d'incarcérer les Anglais qui étoient en France , et de séquestrer leurs biens.

Il fallut donc tromper les Anglais et en rendre une partie victime du machiavélisme de la Cour, pour leur inspirer une haine implacable contre nous. Il fallut aussi tromper les Français et leur Sénat pour obtenir une loi qui sortoit si évidemment des principes ; voilà pourquoi tous nos journaux répandirent que les Anglais avoient pendu le représentant Beauvais. Quoique le fait fût controuvé, Fabre-d'Eglantine et d'autres sicaires de Pitt en prirent occasion de solliciter cette loi, et à la honte du Corps Législatif ils l'obtinrent. Bientôt les orateurs Anglais du parti ministériel se servirent de cette arme pour peindre les Français sous des couleurs affreuses, et pour exciter les Bretons à la vengeance; le parti de l'opposition ne pouvoit rien répondre à une voie de fait aussi authentique, et Pitt parvint à son but.

Les motifs qui firent solliciter la loi barbare et impolitique qui ordonnoit le massacre des
soldats

soldats anglais est encore un tour de gibecière
de ce machiavélique Chancelier. Avant le
commencement de la campagne on trouvoit
souvent des Anglais dans les avant-gardes; ils faisoient comme les autres les guerres de postes;
mais ils n'y brilloient pas; or comme dans
cette Isle presque tout le monde se connoît,
on commençoit à murmurer sur la perte des
hommes qu'on y faisoit. Pour étouffer les
murmures et ménager le sang Anglais, Pitt
fit solliciter cette loi, et avec cette ruse il obtint
des Coalisés que les Anglais demeureròient
en troisième ligne; de sorte que tant que
cette loi subsista, nos troupes prirent bien
quelques Irlandois et quelques Hannovriens;
mais on ne vit presque plus les Insulaires
Anglais.

Si cette ruse ne partoit pas de Pitt, pourquoi ayant plus de sujet de nous plaindre des
Impériaux que des Anglais, n'a-t-on pas pris
les mêmes mesures contr'eux? Pourquoi nos
journaux n'ont-ils pas publié que Drouet et
ses Collègues avoient été pendus; que les Autrichiens étoient barbares envers nos prisonniers, et qu'enfin il falloit faire une guerre à
mort à tous les Allemands? La solution de
toutes ces questions est facile· l'Empereur et
les autres Coalisés n'avoient pas d'agens soldés

D

à la Convention et aux Jacobins, et la Cour de Saint-James les rendoit dupes tout comme nous de ses intrigues machiavéliques.

Cette loi barbare étoit en même-tems impolitique et éversive de toutes les loix de la guerre ; elle étoit impolitique, en ce que l'on détruit mieux l'armée ennemie en lui faisant beaucoup de prisonniers, qu'en lui massacrant un petit nombre d'hommes ; or, ceux qui ont fait la guerre, assûrent que dans un combat, on met quelquefois moins de tems à faire deux ou trois mille prisonniers, qu'on n'en mettroit à égorger cent hommes. Elle devoit exaspérer ceux contre qui elle étoit portée, et la vraie politique militaire ne doit jamais réduire l'ennemi au désespoir. Cette loi tendoit encore à diminuer la bravoure de nos soldats, parce qu'on se bat bien mieux quand on ne risque qu'une captivité passagère, que quand on craint d'être mis à mort si l'on est fait prisonnier ; or, ils devoient s'attendre à la représaille.

D'ailleurs la guerre a ses loix, qui proscrivent ces mesures de férocité, et malheur aux Nations qui les méconnoissent. On est convenu que la guerre n'est point une relation d'homme à homme ; mais bien de gouvernement à gouvernement ; tant qu'un soldat est armé, il est l'ennemi du soldat de l'autre parti ; mais quand il rend les armes, il est homme, et celui qui le prend lui doit les égards que prescrivent les loix de l'humanité. Les peuples tout-à-fait sauvages tuent leurs ennemis et les mangent ; les peuples moins sauvages les font esclaves ; mais un peuple civilisé, qui a conquis sa liberté, ne doit ni les tuer, ni les manger, ni les réduire à l'esclavage, il doit les faire prisonniers, et les traiter avec humanité.

Voici un trait qui prouve que les Gouvernans ne sont pas toujours les maîtres de rendre féroces les Gouvernés. Une découverte, partie de Wakem, le 4 Messidor (22 juin v. st.), et poussée jusqu'aux portes de Gand, fit prisonniers une assez grande quantité d'Hannovriens. Un détachement de nos troupes les conduisit à Wilbeke, au quartier général de Souham. Un officier de l'état-major qui se trouvoit dans la cour du château, dit au Sergent : « Camarade, vous allez bien nous embarasser, et » je voudrois que vous les eussiez laissés là où » ils étoient. » Mon Général, répliqua le ser- » gent : c'est tant de coups de fusils à recevoir » de moins, et nous ne sommes ici que pour » affoiblir l'ennemi. Vous avez raison, lui dit » l'Officier ; mais il existe une loi bien cruelle

» contr'eux, et bien embarassante pour nous.
» Nous la connoissons, reprit fièrement ce brave
» militaire; mais sans doute que la Convention
» n'a pas prétendu que des Soldats Français
» fissent le métier de bourreau ; au reste nous
» vous les amenons , envoyez-les aux Repré-
» sentans du Peuple ; s'ils sont barbares, qu'ils
» les tuent et les mangent , peu nous im-
» porte ».

Tout le monde n'eut pas le courage de ce
brave Sergent. On dit qu'un Général de brigade, par pusillanimité, et dans la crainte
d'être destitué, en fit fusiller plusieurs, et
qu'un autre en assassina un de sa main. Je
ne les nommerai pas, mais si leur cœur a par-
ticipé à ces actes de barbarie, et que dans
toute leur vie ils aient, un quart d'heure seulement , le cœur d'un honnête homme, ils seront assez punis. En général , l'armée du
Nord a eu le courage de résister à cette loi
féroce.

La loi qui prescrivoit de ne point faire de
quartier aux garnisons de Valenciennes, Condé , etc. étoit tout aussi barbare et aussi impolitique. Elle étoit impolitique , puisqu'elle
mettoit ces garnisons dans la nécessité de se
défendre jusqu'à extinction ; et une défense
opiniâtre devoit nous coûter infiniment cher.

Elle étoit encore impolitique sous le rapport, qu'au moment où elle fut rendue, nous occupions toutes les places de la Belgique ; or, si l'Empereur avoit fait une loi semblable, et que nous eussions eu des revers, il ne restoit à nos braves Défenseurs que la cruelle alternative d'être guillotinés en France, ou égorgés dans les places de la Flandre. Avec de pareilles mesures, comment peut-on espérer de trouver des hommes qui veuillent faire la guerre ? On doit mourir pour sa Patrie, quand il est nécessaire ; mais il vaut encore mieux vivre pour la servir, quand on le peut, que de mourir inutilement. L'extravagance de ces mesures a fait croire à certains observateurs, que les Gouvernans d'alors, ne vouloient pas laisser vivre beaucoup de monde.

Le Commandant du Quesnoy nous donna une bien bonne leçon, quand on le somma de se rendre, en vertu de cette loi. « Une Na-
» tion, répondit froidement ce brave mili-
» taire, n'a pas le droit de décréter le déshon-
» neur d'une autre Nation. »

CHAPITRE IX.

Prise de Charleroi ; Bataille de Fleurus ; évacuation de Mons , Marchiennes , etc. Investissement des quatre Places occupées par l'ennemi.

L'ENNEMI battu sur tous les points de la gauche , et affoibli au centre , devoit nécessairement éprouver des échecs sur la droite ; c'étoit donc le moment d'agir vigoureusement sur la Sambre , et on n'en laissa pas échapper l'occasion. Charleroi , dont le siège avoit été repris le 30 prairial (18 juin v. st.) , fut obligé de capituler le 7 Messidor (25 Juin v. st.)

Ce qu'il y a de singulier dans cette capitulation , c'est qu'elle se fit sans que les Généraux ennemis en fussent avertis , et c'est l'ignorance de ce fait , qui donna lieu à la trop fameuse affaire de Fleurus ; le 8 (26 Juin v. st.). De grand matin , l'ennemi se mit en marche pour nous attaquer , et pour délivrer Charléroi , qu'il croyoit encore en son pouvoir. Cette bataille , sur laquelle Barrère fit tant de phrases ridicules , eut lieu dans les champs de Fleurus , et en prit le nom. Je n'entreprendrai point d'en faire la relation , parce que des connoisseurs m'ont dit qu'on ne l'avoit encore montrée qu'à travers un microscope , et je n'aime pas l'exagération , encore moins le merveilleux. Je me contenterai donc de dire que l'ennemi fut repoussé sur presque tous les points de la ligne. Il alloit revenir à la charge ; mais ayant appris que Charleroi étoit en notre pouvoir , il prit le parti de se retirer en assez bon ordre sur Marbaix , et de-là sur Nivelle. C'est ici le cas de dire qu'on ne fait pas d'omelettes sans casser des œufs ; cette bataille fut très-décisive sans doute , mais très-meurtrière des deux côtés ; et si elle a été beaucoup plus célébrée que tant d'autres qui avoient une égale influence , c'est parce qu'elle vint à propos pour étayer la tyrannie des Décemvirs , et qu'elle la fit durer un mois de plus ; voilà pourquoi mons Barrère prit à tâche de l'enfler comme on enfle une vessie.

En général toute cette campagne n'a été qu'un enchaînement de succès merveilleux ; mais ceux qui arrivoient au moment de l'expiration des pouvoirs de nos Tyrans , passoient tous par la filière de l'exagération , et les autres étoient présentés avec une espèce de défaveur. Tout cela prouve que les tyrans aiment mieux leurs pouvoirs que la chose publique.

Le 13 Messidor (1 Juillet v. st.), Jourdan envoya attaquer l'ennemi au Mont Palissel, le chassa de ce poste, et s'empara de Mons. Cet échec força l'ennemi à évacuer St.-Amand, Marchiennes, Cateau, et les autres postes qu'il occupoit encore. Alors Condé, Valenciennes, le Quesnoy et Landrecies furent abandonnés à leurs propres forces.

Pour profiter de la circonstance, Pichegru donna ordre à la brigade du Général Osten, qui étoit à Tournai, de s'approcher des quatre forteresses pour en faire l'investissement, conjointement avec les troupes qui étoient restées au centre, sous les ordres du Général Ferrand. On s'approcha du Quesnoy et de Landrecies ; on en commença le siège et le camp de Maubeuge acheva l'investissement de Valenciennes et Condé. Le Général Scherer eut le commandement de toute cette armée de siège.

L'armée de Sambre et Meuse eut quelques affaires avec l'arrière-garde de l'Armée ennemie qui couvroit Bruxelles, et gardoit la forét de Soignes ; mais le choc le plus sanglant et le seul qui mérite quelque attention eut lieu le 18 Messidor (6 Juillet v. st.)

On peut dire que jusqu'à ce moment, les Français ont disputé le terrein pied à pied, et qu'il ne s'est pas passé un seul jour sans qu'il y ait eu quelqu'affaire importante ; mais les petits évènemens se confondent dans les grands , comme les fleuves dans la mer.

CHAPITRE X.

Marches de l'armée du Nord ; sa jonction avec celle de Sambre et Meuse ; passage du canal de Malines ; prise de Louvain, Malines et Namur ; reddition de Landrecies ; siége du Quesnoy.

LE 21 Messidor (9 Juillet v. st.), l'armée du Nord partit de Gand, et vint camper auprès d'Eroneghem derrière Alost. Le même jour, des détachemens de l'avant-garde entrèrent à Bruxelles, quoique l'ennemi n'eut pas entièrement évacué cette ville. Le 22 (10 Juillet v. st.) elle campa à Asche, et le 23 (11 Juillet v. st.), elle prit position derrière le canal de Vilvorde. Ce jour-là l'armée de Sambre et Meuse envoya garnison à Bruxelles.

L'Histoire célébrera un jour la jonction de ces deux armées, qui, après avoir éprouvé tant de fatigues, surmonté tant d'obstacles, et affronté tant de dangers, se trouvent réunies sur le même point. Cette jonction devoit être vivement sentie par tous les militaires qui composoient ces deux armées, et elle devoit singulièrement fortifier leur confiance , et leur faire croire que la réunion de leurs forces les rendoit invincibles ; elle devoit aussi exciter l'admiration de toute l'Europe , surtout celle de tous les bons Français ; mais l'esprit de parti qui divisoit alors et la Convention et les Citoyens français, empêcha qu'on n'admira ce grand événement. Barrère n'en eut pas besoin pour alonger le pouvoir des Décemvirs ; on finit donc par n'en presque pas parler.

On va s'imaginer qu'après cette réunion les deux armées vont agir simultanément, et que tous leurs mouvemens partiront du même ressort ; point du tout, les plus viles de toutes les passions empêchèrent cette harmonie.

J'avois cru jusqu'à ce moment que les hommes ineptes dans l'art militaire , étoient sans prétention sur ce que nous appellons éclat de renommée , qu'ils se bornoient à se réjouir du succès de nos armées, à admirer ceux qui savent délivrer leur pays , à surveiller les administrations et à se taire.

Que cette idée étoit loin de la vérité ! Ces mêmes Représentans , qui reprochoient tous les jours aux Rois de s'approprier la gloire de leurs armées , les imitèrent parfaitement , et voulurent se donner la gloire des conquêtes. Les insensés ne réfléchissoient pas , que les places n'ont point de gloire qui leur appartienne ; qu'en usurpant celle des talens et des vertus , on s'apperçoit bientôt que c'est un larcin que l'autorité fait au mérite , et elle ne tarde pas à en être dépouillée ; mais l'ambition ne raisonne pas. Ainsi l'envie et la basse jalousie s'emparèrent de l'ame de nos Proconsuls ; le commandement des deux armées que Pichegru avoit si bien conduit , en fut le prétexte.

On fit entrevoir à Pichegru que sa gloire offusquoit les autorités , et les indisposoit contre lui. Un Proconsul moins modéré que les autres, le lui dit assez vivement , et très-grossièrement au milieu d'un repas à Bruxelles ; et Pichegru peu souffrant , mais très-réfléchi , se contenta de lui faire cette réponse : « Je vois , Citoyen Représentant, que » l'aristocratie n'a fait que changer de mains. »

Enfin, l'ineptie, ou la cupidité des Administrations des vivres , firent naître tant de difficultés , qu'il s'éleva des discussions assez vives. Toutes vouloient s'approvisionner à Bruxelles ; mais pour mieux dire, toutes se jalousoient, et chacune vouloit avoir le pâturage le plus gras pour s'engraisser plus promptement.

Pichegru vit de sang-froid , et la petitesse des Proconsuls, et les disputes vétilleuses des Administrations. Pour. tout concilier , il accorda tout ce qu'on demanda pour l'armée de Sambre et Meuse ; mais il ne put convenir de rien sur les mouvemens des troupes, parce que , quoique Général en chef de ces deux Armées, les *Pouvoirs illimités* eurent l'ambition de faire agir l'armée de Sambre et Meuse suivant leurs idées.

J'aime à croire que le brave Jourdan n'entra pour rien dans toutes ces petitesses ; mais un Général qui avoit été destitué au plus beau moment de son triomphe, qui après la perte de son existence militaire, avoit risqué de pourrir dans les cachots, et d'être traîné à l'échafaud, ne devoit pas plaisanter avec l'autorité des Proconsuls.

Après cet arrangement, l'armée du Nord se dirigea sur Malines , le 25 (13 Juillet v. st.). Elle passa le canal de Vilvorde , et prit position en avant de cette ville, jusqu'à Hunsbeke. Elle attaqua le 27 (15 Juillet v. st.) les armées Hollandaise et Anglaise, qui étoient retranchées derrière le canal de Louvain à Malines et occupoient cette dernière place, et le terrein qui est entre ce canal et la Dyle. L'attaque fut très-vive ; mais l'audace de nos soldats étonna l'ennemi et le déconcerta. La plupart, impatiens de la longueur des préparatifs qu'on fesoit pour le passage du canal, sans attendre la confection du pont, passèrent à la nage, et repoussèrent l'ennemi. L'armée les suivit dès que le pont fut établi, et on arriva à Malines par la porte de Louvain. Cette porte étant encombrée par un tas énorme de fumiers, nos soldats avec des échelles escaladèrent les ramparts, déblayèrent la porte, et on y entra au même instant que l'ennemi évacuoit la ville par la chaussée d'Anvers. L'on prit dans ce petit combat plusieurs canons, et l'on fit quelques prisonniers ; mais le Général Proteau y perdit la vie ; on peut pourtant assûrer que dans cette occasion, notre perte ne fût pas considérable.

Le même jour 28 (16 Juillet v. st.), notre avant - garde poursuivit l'ennemi jusqu'à la Neethe, le repoussa, et le força de se retirer derrière cette rivière.

L'aile gauche de l'armée de Sambre et Meuse, qui avoit marché sur Louvain et Judoigne, s'en empara le 27 (15 Juillet v. st.) ; et l'aile droite s'étant portée sur Namur, força l'ennemi de l'évacuer, ainsi que la citadelle, et s'en mit en possession le 28 (16 Juillet v. st.).

L'ennemi ne pouvant plus porter de secours

aux places qu'il nous avoit envahies la campagne précédente, Landrecies s'étoit rendu
le 27 (15 Juillet v. st.), et le Général Scherer
avoit ordonné le siège du Quesnoy.

Dans ces entrefaites, le décret qui défendoit d'accorder capitulation aux garnisons de
ces quatre Places, parvint à Pichegru; ce Général, qui improuvoit toutes les loix qui sortoient des principes, résolut, pour ménager
la délicatesse des assiégés, et leur sauver en
même-tems la vie, s'il étoit possible, de ne
le leur signifier que quand les travaux seroient
assez avancés pour leur en imposer; mais les
Représentans, très-hurluberlus et très-monta-
gnards, qui ne respectoient pas plus l'honneur des hommes que leur vie, voulurent
que la sommation fut faite avant même qu'on
eut les pièces de siège, et ils le voulurent
d'une volonté de Proconsuls. Le brave Commandant du Quesnoy fit son devoir, et donna
une belle leçon à tous les extravagans qui
voudroient méconnoître les loix de la guerre
et le droit des gens.

CHAPITRE X

*Marche de l'armée du Nord sur Anvers ;
prise de cette ville, de Tongres et de Liège ;
prise de Nieuport ; siége de l'Ecluse ; reddition du Quesnoy.*

LE 5 Thermidor (23 Juillet v. st.), l'armée
du Nord marcha sur Anvers ; elle prit ce jour-
là position , savoir la gauche sur Liers et la
droite à Heist-Op-Denberg, derrière la Neethe.
Les Anglais, sans attendre notre arrivée ,
évacuèrent la ville et la citadelle d'Anvers ,
et le 6 (24 Juillet v. st.), nous en fûmes les
maîtres.

Pendant ce tems-là, l'armée de Sambre et
Meuse, marchant à la poursuite de l'armée
autrichienne , s'empara, le 9 (27 Juillet v. st.),
de Tongres et de Liège. Les habitans de cette
dernière ville , s'étant armés contre les Autrichiens , il ne fut pas difficile de s'en emparer ;
mais on n'eût pas la même facilité à occuper
le pont sur la Meuse, parce que l'armée ennemie s'étant retranchée sur les hauteurs de
la Chartreuse, le défendoit avec opiniâtreté et
bombardoit

bombardoit même quelques quartiers de la ville.

Pour ne pas trop s'éloigner du centre qui étoit occupé aux siéges des quatre forteresses, les deux armées séjournèrent jusqu'aux premiers jours de Fructidor ; la droite appuyée à Liège et la gauche à Anvers. Pendant tous ce tems, il y eut quelques affaires d'avant-postes, mais trop peu importantes pour trouver place ici. Dans tout cet intervalle les armées ennemies gardèrent les mêmes positions sans faire aucune tentative. Les Autrichiens gardoient la Meuse, depuis Ruremonde jusqu'à Maëstricht, et couvroient cette place avec une petite avant-garde. Les Anglais et les Hollandais qui s'étoient retirés derrière Breda, campoient à Osterwist et aux environs, et avoient encore un corps à Ludhoven pour couvrir la communication de ces armées.

La ville de Niewport, s'étoit rendue le 30 Messidor (18 Juillet v. st.), au général Moreau. La capitulation que cet honnête Général avoit accordée à cette garnison, lui eût sans doute coûté la vie, si la tyrannie des Décemvirs n'eût été renversée. Les assiégés étoient presque tous Hanovriens, et le décret barbare qui ordonnoit de les massacrer faisoit encore partie de notre Code révolutionnaire.

E

Les Proconsuls, qui siégeoient à Bruxelles, furent consultés sur cette capitulation, et leur avis fut en faveur de l'exécution de cette Loi atroce. Richard, et à ce qu'on dit, Lacombe-St.-Michel furent les seuls qui montrèrent de l'horreur pour une telle barbarie. Je ne connois pas Lacombe, parce que je fuyois et la vue et la conversation des Proconsuls d'alors, comme on fuit tout ce qui est nuisible; mais je connois Richard et je dois attester que non-seulement, il improuvoit ces mesures de cannibales, mais qu'il prenoit beaucoup sur lui pour en éluder l'exécution.

Je n'ai jamais cru que tous les hommes à pouvoirs illimités qui délibérèrent en cette occasion, eussent le cœur sanguinaire; cependant s'ils n'étoient pas complices de la tyrannie, ils devoient se montrer ouvertement contre, comme faisoit Richard. La pusillanimité en révolution donne les mêmes résultats que la perversité, et ce qu'on a appellé si proprement le ventre de la Convention, nous a fait plus de mal, par sa lâcheté, que toutes les factions liberticides qui ont agité et déchiré la France.

Richard, Pichegru, Moreau et la plûpart des Généraux de l'armée du Nord, aimèrent mieux exposer leur vie que de dévier un seul instant des lois de la guerre. Ils étoient même tous destinés à l'échafaud ; car indépendamment des preuves non équivoques qu'on en a vu, Robespierre les dénonça tous à la tribune, le 8 Thermidor (26 Juillet v. st.). Mais pendant que nous remportions tant de victoires sur les ennemis du dehors, le grand triomphe politique du 9 Thermidor (27 Juillet v. st.) et jours suivans, vint porter le calme dans le cœur de tous les Citoyens et de tous les vrais Militaires.

Au moment que la France commençoit d'ouvrir les yeux à l'espoir du retour des principes, la division commandée par Moreau, exécutoit une des plus belles entreprises de la campagne. Le siège de l'Ecluse étant résolu, pour en completter l'investissement, on devoit faire passer des troupes dans l'isle de Cazand. Cette opération offroit des obstacles insurmontables, et il falloit commander des Français pour n'en être pas effrayé. On ne pouvoit arriver dans cette isle que par une digue étroite, inondée de tous les côtés et défendue par une batterie de quatorze canons, ou en établissant un pont sur l'ancien détroit du Coschische.

Moreau n'avoit point de pontons pour exécuter ce passage ; toutes ses ressources consistoient, dans un très-petit nombre de battelets, avec lesquels il étoit impossible de faire un pont. L'audace des Soldats suppléa au dénuement de moyens ; les uns passèrent à la nage, d'autres dans de petits batteaux ; bref, ils parvinrent à aborder, repoussèrent l'ennemi et le mirent en fuite, malgré la supériorité du nombre, et malgré ses foudroyantes batteries. On peut regarder cet exploit comme le plus hardi qui ait eu lieu depuis le commencement de la guerre.

On prit dans cette isle quatre-vingt-dix canons, une très-grande quantité dè munitions et de provisions, et on fit deux cents prisonniers.

Dans le tems que Moreau donnoit des preuves si éclatantes de courage et d'habileté, l'auteur de ses jours, son tendre et malheureux père vivoit dans les ténébreux cachots de la tyrannie et s'abreuvoit de larmes et de désespoir. Ce malheureux vieillard étoit un homme de loi, qui, sans doute, avoit eu des amis dans la caste nobiliaire. Si c'est un crime, quel est l'homme honnéte qui soit innocent ? N'importe, ni les services signalés de son fils, ni une probité généralement reconnue, ni un patriotisme constant depuis le commencement de la Révolution, ne purent le soustraire au glaive des assassins, sa tête tomba, dit on, le même jour que son cher fils entroit dans le fort l'Ecluse.

Moreau n'apprit cet événement que très-tard, et, le désespoir s'étant emparé de son ame, on dit, que sans le conseil de ses amis, il auroit quitté une terre qu'il ne devoit plus voir qu'avec horreur. Maïs, enfin, les droits de la Patrie l'emportèrent sur ceux de la Nature. Il a continué de servir un pays qui lui avoit assassiné son père et confisqué sa fortune ; et on peut dire qu'il l'a servi utilement.

Son exemple n'est pas le seul de ce genre. Tassin (de Paris), Capitaine au neuvième Régiment d'hussards, affrontoit les dangers de la guerre, quand on assassinoit son père sur la place de la Révolution. Il eut envie, à ce qu'on dit, de passer du côté de l'ennemi ; mais ses amis l'en empêchèrent, et il a continué de servir en brave et bon Militaire ;

Mais combien de jeunes gens qui n'ont pas eu le courage de rester après des coups aussi poignans ! Et si l'on veut être juste, peut-on regarder ces hommes comme émigrés et les traiter comme tels ?

Le jeune Laferté-Papillon, Hussard au neuvième Régiment, trouva dans la liste fatale, le nom de son père. Frappé de cette catastrophe, comme d'un coup de foudre, il tomba dans une mélancolie noire qui faillit à le faire mourir. Un jour, un de ses camarades aussi grossier que cruel, lui rappella la mort de son père, et lui en reprocha l'ignominie. Cet enfant aussi intéressant par la beauté de sa physionomie que par la douceur de son caractère, ne put résister à ce coup accablant. Il passa chez l'ennemi. Je le demande à toutes les ames honnétes, cette désertion est-elle coupable? Eh bien! nous n'en avons presque que de cette espèce dans nos armées, et si quelques jours nos Législateurs n'y ont pas égard, je ne croirai, ni à la justice, ni à la probité!

Le 28 Thermidor (15 Août v. st.), le Quesnoy se rendit, après une résistance aussi belle qu'il fut possible de la faire dans les circonstances difficiles où se trouvoient les assiégés. Je ne sais ce qu'on a fait du Commandant de cette Place. La réponse qu'il fit à notre sommation; la déclaration qu'il fit au général Schérer, où il dit qu'il ne rend la place que pour sauver la vie à la garnison, où il demande grâce pour elle et fait le sacrifice de sa propre vie, mérite de passer à la postérité. Ce brave Militaire s'est attiré l'estime de tous nos Défenseurs.

CHAPITRE XII.

Causes qui nécessiterent le séjour de l'armée du Nord près d'Anvers ; projet de se rapprocher de l'armée de Sambre et Meuse, ce qui le fit abandonner. Rentrée des Troupes qui avoient été détachées pour l'expédition de la Hollande ; prise de l'Ecluse ; rédition de Condé et de Valenciennes.

PICHEGRU étoit vivement pressé de s'avancer et de faire le siège de Breda : les troupes le desiroient autant que lui ; mais l'armée de Sambre et Meuse n'avoit pas encore chassé les Autrichiens des rives de la Meuse ; par conséquent, lorsqu'il auroit avancé sur cette Place, sa droite auroit été découverte.

D'un autre côté, les Administrations des vivres avoient toujours agi avec si peu d'accord, que l'inquiétude des subsistances, occupoit plus les Généraux que la direction des mouvemens de l'armée. Cette partie d'administration étoit conduite avec tant d'ineptie,

que depuis notre départ de Gand, on conti-
nuoit de tirer le pain de Lille; il manquoit
souvent et n'arrivoit qu'à demi - pourri ; on
manquoit aussi de fourrages et de moyens de
transports; lorsque les Généraux s'en plai-
gnoient aux Membres de cette agence, ils
leur répondoient qu'ils avoient une Administration et qu'ils étoient indépendans de toute
autre Autorité; s'adressoit-on aux Représentans ? Ils répondoient que nos conquétes
étoient trop rapides, mais qu'il y seroit pourvu.

Il y auroit eu donc du danger de s'avancer
dans les vastes bruyères du Brabant Hollandais; parce que plus nous nous serions éloignés
d'Anvers, plus les difficultés des transports
auroient été grandes. Toutes ces considérations
déterminèrent Pichegru à laisser séjourner
l'armée pendant dix-huit jours dans ses positions, près d'Anvers.

Dans cet intervalle, l'Administration des
vivres fit des établissemens dans plusieurs endroits, particulièrement à Gand, Malines et
Anvers. Cette mesure diminua les obstacles,
mais ne les fit pas entièrement disparoître ;
car on n'avoit jamais pu établir de magasins un
peu considérables; de sorte que si l'armée avoit
essuyé quelque échec, elle ne pouvoit pas
manquer de tomber dans la pénurie de toutes

les choses nécessaires à son entretien. On n'avoit même pas assez de voitures pour transporter le pain; et les chevaux destinés à cet approvisionnement étoient si mal pansés et si mal nourris, qu'à chaque convoi il en périssoit trente ou quarante.

Malgré toutes ces difficultés, Pichegru entreprit de faire exécuter un nouveau plan, qui avoit une très-grande latitudè; car il secondoit les mouvemens de l'armée du Rhin dans le Palatinat, et ceux de l'armée de Sambre et Meuse sur les deux rives de la Meuse.

Suivant ce plan, l'armée du Nord, après avoir laissé un petit corps pour couvrir Anvers et observer l'armée Anglaise, devoit obliquer à droite et se porter vers Ruremonde et Venloo, sur la droite de l'armée Autrichienne, descendre ensuite la Meuse, battre l'armée Anglaise et empécher sa réunion avec l'armée Autrichienne.

L'armée de Sambre et Meuse devoit laisser un corps de troupes devant Maëstricht, passer la Meuse au-dessus de Liège, attaquer la droite de l'armée Autrichienne, passer l'Ourt, en descendant par Vervier et Herve.

En exécution de ce projet, l'armée du Nord partit des environs d'Anvers, le 3 Fructidor (20 Août v. st.), marcha jusqu'à Westmale, et le lendemain jusqu'à Mol; mais il ne fallut pas avancer d'avantage pour s'appercevoir de la mauvaise administration des vivres et de la difficulté des transports , car le pain manqua absolument.

Indépendamment de cet obstacle , l'armée de Sambre et Meuse fit savoir que le passage de l'Ourt offroit des difficultés insurmontables. Cette marche sur la basse-Meuse devenant alors inutile , ce projet fut abandonné et le plan changé.

Le projet fut alors de se rapprocher de l'armée Anglaise pour la battre à la première occasion , sans trop cependant s'éloigner d'Anvers , jusqu'à ce que le désordre qui régnoit dans le transport des subsistances fût un peu passé.

En conséquence de cette nouvelle détermination , l'armée du Nord vint le 7, Fructidor (24 Août v. st.), prendre des positions auprès de Turnhout, et le 11 (28 Août v. st.), près d'Hoosgtraten , derrière la petite rivière de Merk.

Le Duc d'York , averti de notre marche et craignant d'être obligé de nous prêter le collet , fit retirer son armée sur Bois-le Duc, la fit camper près de Heeswick et laissa Breda abandonnée aux forces de sa garnison : l'armée Hollandaise demeura à Ramdouk.

On auroit pu dans ce moment entreprendre le siége de Breda, attendu que l'inondation étoit empêchée par la sécheresse; mais les équipages de siége étoient encore devant l'Ecluse; d'ailleurs l'armée d'observation que nous aurions pu opposer au Duc d'York, auroit été inférieure en forces à la sienne et il pouvoit encore se renforcer. D'un autre côté, l'armée Autrichienne pouvoit avoir des avantages marquant sur celle de Sambre et Meuse; alors la retraite de l'armée du Nord seroit devenue, sinon impossible, au moins très-difficile. Ce siége auroit donc mis au hasard tous les fruits de nos premières victoires et nous auroit exposés à les perdre.

Pichegru se borna donc à poursuivre l'armée Anglaise pour la battre, à la forcer de se retirer derrière la Meuse, et à empêcher sa jonction avec l'armée Autrichienne. Il donna en même-tems ordre à l'armée de Sambre et Meuse de passer la Meuse et d'attaquer l'aile gauche des Autrichiens; cette mesure étoit absolument nécessaire pour assûrer ses opérations sur l'armée Anglaise, et tout réussit parfaitement.

Les troupes qui avoient été détachées de l'armée du Nord, pour l'expédition folle et bisarre de l'isle de Valkeren, rentrèrent dans l'armée, et ce petit renfort n'y fut pas inutile.

La forteresse de l'Ecluse, dont les approches étoient devenues très-difficiles par les inondations et par les hautes marées, qui, à ce qu'on dit, étoient montées plus cette année que les précédentes, fut pourtant forcée de se rendre à la courageuse opiniâtreté de nos troupes, et ce grand événement arriva le 8 Fructidor (25 Août v. st.)

On auroit voulu s'emparer de Sas-de-Gand, Hult et des autres places de la Flandre Hollandaise; mais les troupes qui avoient fait le siège de l'Ecluse, avoient éprouvé tant de fatigues et avoient tant souffert par les maladies que les exhalaisons putrides des inondations leur avoient occasionnées, qu'elles étoient réduites à moins de la moitié. Il fallut nécessairement les faire reposer, et on les envoya se refaire à Gand, Bruges et villes circonvoisines.

D'ailleurs, on jugea qu'en s'approchant des frontières de la Hollande, cette Puissance ne pourroit plus entretenir dans ces Places assez de troupes pour les défendre et qu'on seroit forcé de les abandonner; l'événement a prouvé que ce calcul étoit juste.

Les places de Valenciennes et Condé, dont les sièges auroient exigé dans le commencement une armée de 200,000 hommes, capitu-

lèrent le 9 et 10 Fructidor (26 et 27 Août v. st.),
preuve évidente que les Places ne peuvent
tenir que lorsqu'elles ont des armées pour les
défendre.

Les troupes qui avoient fait ces siéges, rentrèrent dans les armées actives ; la brigade du
Général Osten revint à l'armée du Nord, et
la division de Schérer rentra dans celle de
Sambre et Meuse. Ces deux armées furent
alors dans la position la plus imposante. Quoique la saison fût déjà avancée, elles ne prirent
que peu de repos, et le froid le plus piquant,
les neiges et les glaces, ne leur empêchèrent
pas de passer tous les bras du Rhin et de faire
la conquête de la Hollande.

CHAPITRE XIII.

*Marche de l'armée du Nord dans la pour-
suite des Anglais ; combat de Boxtel ;
combat entre l'armée de Sambre et Meuse
et les Autrichiens ; retraite des Anglais
derrière la Meuse.*

LE projet de laisser Breda et de poursuivre
l'armée Anglaise, pour la forcer à passer la
Meuse, étant adopté, l'armée du Nord prit
position près de Meerle, le 18 Fructidor (4
Septembre v. st.). Pour donner des inquiétudes au Duc d'Yorck et lui faire prendre le
change ; on envoya beaucoup de cavalerie
sur les derrières de Breda , et cependant
l'armée continua sa marche ; le 24 (10 Septembre v. st.) elle campa près de Riel et de
Gilse, et le 25 (11 Septembre v. st.), derrière Osterwist et Morgestel.

Le 28 (14 Septembre v. st.), elle marcha
pour prendre une position sur la Dommel.
Elle rencontra à Boxtel l'avant-garde ennemie
forte de 6 à 7 mille hommes. Ce poste étoit
naturellement retranché par la Dommel et par

un ruisseau très-encaissé. Il falloit passer d'abord le ruisseau et ensuite la rivière pour faire l'attaque, et tous les ponts étoient rompus. Cet obstacle retarda l'action, qui ne put avoir lieu que vers les trois heures de l'après midi, et dura jusqu'à six heures. L'ennemi, étonné de l'audace des Français qui traversoient la rivière, les uns à la nage, les autres sur des madriers qu'ils s'étoient procurés, rendit les armes. C'est dans cette occasion où l'on a dit que trente Hussards du huitième Régiment firent poser les armes à deux bataillons ; le fait est exact, et il est encore vrai qu'un Tambour, qui avoit à peine dix-huit ans, seul et sans armes, nous amena dix prisonniers. Il n'y a là rien de surprenant : un homme seul, accompagné d'une armée victorieuse, peut faire de ces traits ; en général, tout le monde s'est parfaitement bien conduit. Le huitième Régiment d'Hussards s'est trouvé en position de recueillir les fruits de la victoire ; ce n'est pas pour cela que je lui accorde des éloges, mais il en mérite pour avoir beaucoup contribué à ce petit triomphe, et pour s'être, dans toutes les occasions, montré courageux.

Ce petit échec détermina le Duc d'Yorck à décamper et à se retirer derrière la Meuse. Pour couvrir sa retraite, il fit marcher le lendemain neuf Régimens et beaucoup de Cavalerie, qui devoient faire mine de nous attaquer à Boxtel ; mais nous avions envoyé une forte découverte du côté de son camp, qui les rencontra et les battit, sans que l'armée en fût avertie.

Ces deux petits chocs nous ont valu plus de 2000 prisonniers, 7 canons et une très-grande quantité de chevaux ; mais le plus grand avantage qui en ait résulté, c'est que l'ennemi a été mis dans l'impossibilité de tenir sur la rive gauche de la Meuse, qu'il a été forcé de passer ce fleuve et de laisser les places importantes de Berg-op-zoom, Breda et Bois-le-Duc, livrées à leurs propres forces.

Je mets ici un fait particulier, qui peut servir de leçon aux braves militaires qui se donneront la peine de le lire. Le général Souham et l'Adjudant-général Reunier (6) allant à la découverte autour de Boxtel, firent rencontre d'un peloton de cavalerie qui les accueillit par une décharge de coups de carabine, ensuite les chargea au galop : ces deux Officiers, suivis de près par ce peloton, se replièrent sur le cinquième régiment de Chasseurs ; le peloton ennemi n'eut pas plutôt apperçu ce brave régiment qu'il décampa aussi vite qu'il étoit venu ; nos Chasseurs, croyant que Souham et Reunier

étoient

étoient les Commandans de ce peloton, que
sa lâcheté lui fesoit abandonner ; les chargèrent l'un et l'autre, avec vigueur et leur tirè-
rent plusieurs coups de pistolets, presque à
bout touchant. Le hasard voulut qu'ils ne reçurent pas une égratignure ; mais ils ont risqué de périr dans cette circonstance et de la
main de leurs amis. Si je mets ici ce fait, c'est
pour avertir nos braves défenseurs qu'avant
de charger il est bon de s'assurer qu'on a
affaire à l'ennemi ; cette vivacité française
a souvent donné lieu à de semblables *qui pro-
quo*; j'ai vu à Courtrai tout un poste faire feu
sur leurs camarades qui fesoient patrouille, et
en tuer plusieurs. Ces sortes de méprises
arrivent plus souvent aux Français qu'aux
autres Nations. Braves soldats sachez allier la
prudence avec votre vivacité, et vous serez
des héros parfaits.

Après avoir battu la réserve du Duc d'Yoork
le 29 (15 Sept. v. st.) on le poursuivit jusqu'à
la rivière d'Aa ; si l'on avoit pu marcher ce
jour-là et le serrer sur la Meuse, ç'en étoit
fait de l'Armée anglaise, on l'auroit entièrement défaite, et on lui auroit enlevé son artillerie et ses bagages ; mais outre que nos troupes étoient fatiguées par la marche de la veiller
c'est qu'on ne connoissoit ce pays que très-

imparfaitement, n'ayant pas été dessiné par M. Ferraris. On étoit dans la pénurie absolue de bonnes cartes ; et ce dénuement avoit fait égarer plusieurs colonnes, qui n'avoient pas pu prendre les positions qu'on leur avoit indiquées. Ce contretems avoit tellement disséminé l'armée, qu'on fut obligé de séjourner le 29 et le 30 (15 et 16 Sept. v. st.) pour aller reconnoître le terrein et pour rassembler les troupes égarées ; ce qui donna au Duc d'York le tems de faire sa retraite derrière la Meuse.

L'Armée du Nord prit position le 2e jour complémentaire (18 Sept. v. st.) derrière l'Aa , entre Vechel et Bourdouk et le 3 (19 Sept. v. st.) à Denter.

Ce jour là l'armée de Sambre et Meuse, en exécution des ordres de Pichegru, attaqua l'aile gauche de l'armée autrichienne, la battit complètement, malgré la résistance la plus opiniâtre, lui tua beaucoup de monde, fit 700 prisonniers , prit vingt-six canons six drapeaux et beaucoup de bagages.

Cette défaite força les Autrichiens à se retirer sur Julliers, derrière la Roër , laissant un corps de troupes qui entra à Maëstricht, et qui bientôt y fut bloqué par la brave Armée qui les avoit battus tant de fois.

CHAPITRE XIV.

Prise du fort Crevecœur; investissement de Bois-le-Duc; capitulation de cette Place; fautes commisses relativement au fort St. André; marche sur Grave; arrivée des troupes commandées par Moreau; prise de Julliers, Bonn et Cologne.

Pour poursuivre les Anglais de l'autre côté de la Meuse, il falloit sur la rive gauche de ce fleuve une place forte qui servît d'appui et dans laquelle l'Armée pût puiser ses subsistances; le pain venoit encore d'Anvers, et devoit faire vingt-cinq lieues à travers les bruyères du Brabant et par des chemins impraticables; on n'avoit ni assez de chevaux, ni assez de voitures pour le transporter, et il manquoit très-souvent.

Bois-le-Duc étoit la place qui convenoit le mieux, et pour assurer la position de l'Armée et pour servir d'entrepôt de vivres. Il étoit donc nécessaire de s'en emparer avant de passer la Meuse; mais il faut en convenir, l'entreprise étoit difficile et même périlleuse.

Cette Place est environnée de forts très-bien entretenus et très-bien armés, qui paroissent imprénables ; les innondations qui s'étendent à plus de trois cents toises de ses remparts en font comme une île au milieu d'un grand fleuve, et quand même on feroit brèche à ses remparts , toutes les fascines du monde ne suffiroient pas pour atteindre la brèche.

Indépendamment de toutes ces difficultés, c'est que notre artillerie de siège étoit très-éloignée ; la saison étoit avancée, et si , dans le tems qu'on se seroit occupé à la faire venir il étoit tombé de la pluie , les inondations auroient pu être étendues de manière à rendre la tranchée impraticable.

Malgré tous ces obstacles , le siège fut résolu. La Place fut donc investie par notre cavalerie le premier Vendémiaire (23 Sept. v. st.) , et le lendemain l'infanterie fut placée. On établit quelques batteries d'obusiers pour incendier la ville , et on commença la tranchée qui devint tous les jours plus difficultueuse à cause que les eaux augmentoient.

On s'empara le 2 (24 Sept. v. st.) de l'ancien fort d'Orten , que l'ennemi avoit évacué. Les journaux écrivirent , dans le tems, des rodomontades absurdes sur la prise de ce fort ; sans doute les Représentans , selon leur louable coutume, avoient fait leur rapport sans consulter les hommes instruits de l'armée. Placés quelquefois à dix lieues de l'endroit où se passoient les actions, et n'ayant ni la confiance, ni l'amitié des militaires instruits, ils s'amusoient souvent à donner du merveilleux, et écrivoient des balourdises qui faisoient rire les gens sensés, et mortifioient les militaires qu'ils citoient; n'importe, pour avoir l'air de prendre à tout une part active, ils écrivoient, fesoient mordre la poussière à des milliers d'ennemis, ne perdoient jamais qu'un ou deux Républicains; fesoient franchir les palissades des forts, à cheval; fesoient soutenir à un petit nombre d'hommes, une charge vigoureuse de l'ennemi. Le rapport de la prise du fort d'Orten devoit donc avoir la teinte de tous les autres; mais le fait est qu'on y entra : voilà le mot.

Il n'en fut pas ainsi du fort Crevecœur, il fallut l'investir et le bombarder. La prise de ce fort étoit de grande importance pour l'entreprise, parce qu'il défendoit l'Écluse sur la Meuse. On commença donc par s'établir très-près au moyen de quelques digues qui couvroient une partie de la communication avec les tranchées; on construisit des batteries de pièces de campagne et d'obusiers, et enfin le 7 Vendémiaire (29 Sept. v. st.), à quatre heures du matin, la garnison capitula. Elle sortit du fort avec les honneurs de la guerre, fut prisonnière sur parole ; c'est à-dire qu'elle promit de ne porter les armes contre les Français qu'après avoir été échangée. Ce fort étoit armé de trente-huit canons et quatre obusiers ; on y trouva quatre cent vingt-deux fusils et trois cent quatre-vingt-cinq quintaux de poudre.

Cependant les pluies commençoient, les inondations augmentoient devant Bois le-Duc et rendoient le siège sinon impossible du moins très-difficile ; la tranchée, qui étoit déjà trop éloignée, (et il étoit impossible de l'approcher davantage) devenoit impraticable ; notre artillerie de siège venoit d'arriver ; mais il étoit presque impossible de la faire agir utilement.

Au moment où les obstacles augmentoient, lorsque tous les Généraux français regardoient ce siège comme très-difficile et comme devant traîner en longueur, avant même que nos artilleurs de siège eussent brûlé une amorce, le Prince de * * * qui commandoit cette Place importante, demanda à capituler ; il fit une capitulation avantageuse ; mais non honorable : la garnison sortit avec les honneurs de la guerre, se retira dans l'intérieur de la Hollande, et ne fut prisonnière qne sur parole. Je crois que si le Commandant de Grave, qui n'étoit pas Prince, avoit défendu Bois-le-Duc, il nous l'auroit vendu plus cher. On reproche à M. le Prince de s'être casematé en homme qui aime la vie, d'avoir bleindé sa demeure avec un tas de fumier et de bois; il paroît que nos feux d'artifice ne l'amusoient pas. Dans les forts d'Isabelle, Saint-Antoine et Bois-le-Duc, on a trouvé cent quatre-vingt-trois canons, mortiers ou obusiers, et des munitions de toute espèce.

On fit une faute durant ce siège : le fort Saint-André, qui est dans une petite île, formée par la Meuse et le Vahal, à l'est de Bommel, n'étant pas occupé par l'ennemi, nous y envoyâmes une compagnie de Grenadiers. On ne pensa pas à réparer ses fortifications et à le mettre en état de défense. Les ennemis sentant son importance, l'attaquèrent vivement, le reprirent et le mirent à l'abri d'nn coup de main. On verra que ce fort nous a bien incommodé dans les expéditions qu'on a entreprises sur l'île de Bommel, il nous a dévoré beaucoup d'hommes et nous n'avons pu le reprendre qu'au passage du Vahal.

Le siège de Maëstricht n'étant pas assuré

tant que les Autrichiens garderoient la Roër,
l'armée de Sambre et Meuse les attaqua le
11 Vendémiaire (3 Oct. v. st.), les battit,
les força de se retirer derrière le Rhin, et
s'empara de Julliers : elle poursuivit l'ennemi,
se rendit maîtresse de Cologne le 15 (7 Oct.
v. st.) et de Bonn le 18 (10 Oct. v. st.).

Pour s'assurer du succès de l'attaque sur la
Roër, on avoit fait agir une partie des troupes
qui formoient l'investissement de Maëstricht.
Tout de suite après le gain de la bataille on
les renvoya au Général Kléber , qui avoit
le commandement de cette armée de siège ,
forte de 40,000 hommes.

Le 22 Vendémiaire (14 Oct. v. st.) l'armée
du Nord marcha sur Grave , que la division
du Général Bonneau avoit tenu investi par-
tiellement pendant le siège de Bois-le-Duc.
Il étoit singulier de voir ce jour là nos troupes
voyager sur la même route que la garnison
de Bois-le-Duc , et de voir nos équipages
presque confondus avec les leurs ; cette garnison, qui n'avoit fait que quitter la Place ,
devoit avoir une grande idée de notre activité.

Il est à remarquer que dès que la division de
Souham eût remplacé celle de Bonneau, et
qu'elle fut portée depuis Oprelan jusqu'au
desssus de Reek, le Commandant de Grave

écrivit à Souham pour le prier de garder l'armistice qu'il avoit conclu avec le Général Bonneau, jusqu'au soleil couché du 23 (15 Oct.ᵉ v. st.), tems, à ce qu'il prétendoit, nécessaire pour faire filer la garnison de Bois le-Duc. Les expressions de sa lettre nous firent voir que ce brave Suisse n'étoit guère content du courage de cette garnison. Il nous donna même à connoître que s'il avoit défendu cette forteresse, nous l'aurions achetée plus cher.

Ce Commandant s'est comporté en homme d'honneur à Grave, et si l'Histoire doit justice à tous, elle lui accordera des éloges.

La division du Général Moreau qui avoit fait le siége de l'Ecluse, que les maladies avoient tant affligée à l'embouchure de l'Escaut, après s'être reposée quelque tems dans la Flandre, vint rejoindre l'armée du Nord. Le 8 Vendémiaire (30 Sept. v. st.) elle arriva sur la Meuse vis-à-vis de Venloo, et fut destinée à couvrir la communication des deux armées françaises.

CHAPITRE XV.

État de la Belgique avant la Révolution française; ravages et oppression que la guerre y a occasionnés.

Avant de quitter les Pays-Bas Autrichiens, il est bon de décrire l'état où ils se trouvoient avant notre Révolution, et les changemens que la guerre et nos systémes politiques y ont opérés.

On sait que cette fertile et malheureuse contrée a toujours été le point où la plupart des peuples de l'Europe se sont donnés rendez-vous pour s'entr'égorger. Il n'est pas d'espace dans toutes ces vastes plaines, qui n'ait été teint de sang humain, et on ne peut y faire un pas, sans y fouler les restes des victimes de l'ambition. Ayant, sans cesse, été le théâtre du plus terrible et du plus destructeur de tous les fléaux, ce pays devroit être dépeuplé et ne présenter à l'œil du voyageur qu'un monceau de cendres et de ruines; au contraire, il n'existe dans aucune partie de notre continent, un pays aussi populeux et un sol aussi bien cultivé.

L'animal qui vit dans les neiges et les frimats

(91)

de la zóne glaciale, tout comme dans les sables brûlans de la zóne torride, qui dort tranquille à côté du cratère des volcans, est, sans contredit, le seul qui puisse exister au milieu de la dévastation et des tombeaux ; mais l'homme vit et propage par-tout ; il s'accoutume à tout, et peut passer pour le plus singulier de tous les animaux terrestres.

Avant notre Révolution, la population de la Belgique s'élevoit à environ dix sept cents individus par lieue quarrée, ce qui excède de beaucoup celle de la France dans ses Départemens les plus populeux.

Ce pays n'avoit pourtant encore qu'une industrie et un commerce naissans, et il paroît incontestable que si ces deux grands léviers de propagation avoient été poussés à leur perfection, il auroit pu acquérir une population aussi considérable que celle des pays les plus peuplés de la Chine ; car, malgré les ravages qui, dans tous les tems, ont désolé cette malheureuse contrée, les hameaux s'y touchent, on n'y fait pas de lieues, sans y rencontrer une petite ville, et de quatre en quatre lieues, il y a des villes très-considérables et très-populeuses.

Les Flamands avoient joui pendant vingt-six ans d'une parfaite tranquillité ; la guerre de l'Amérique, au lieu de les troubler, avoit produit un changement salutaire dans leur négoce, qui ne pouvoit pas manquer de les élever au plus haut degré de prospérité. Leur commerce maritime s'étoit étendu, celui de l'intérieur avoit pris de l'activité, et la contrée la plus riche en productions territoriales, n'avoit qu'un pas à faire pour devenir une des plus industrieuses. Les Sciences y étoient déjà cultivées avec succès , et les Arts ne pouvoient pas tarder à s'y introduire.

Depuis la paix de 1762, ce Peuple étoit parvenu à un très-haut degré de prospérité. Les habitans des villes vivoient, si non dans l'opulence, au moins dans la plus grande aisance; ceux des campagnes n'y gémissoient pas, comme en France, sous l'arbitraire de l'impôt, ni comme en Angleterre, sous le poids accablant de l'impôt.

L'agriculteur de cette terre si productive, n'étoit point sous le despotisme intolérable de ces petits tyrans, qu'on appelloit : *Intendans de généralité*. Il n'avoit donc pas besoin de paroître pauvre, pour que M. l'*Elu* n'augmenta pas sa taille, ou que M. le Subdélégué ne mît pas un prix exhorbitant au billet blanc de la milice. Les animaux importuns, inhumains et voraces, qu'on nommoit : *Rats de rave*, ne souilloient point son domicile de leur présence, et ne le fatiguoient point par des visites domiciliaires ; ses champs n'étoient point ensemencés pour nourrir les biches et les chevreuils de son Prince, et le meurtre d'une bête fauve n'y étoit pas puni comme l'assassinat d'un homme ; ni son Seigneur et ses Agens, ni M. le Bailly, ni M. le Procureur-fiscal, ne pouvoient la vexer impunément : grands ou petits, pauvres ou riches, tous avoient pour protecteurs la Loi et ses Ministres.

Aussi n'étoit-il pas rare de voir un paysant de la Belgique donner trente à quarante mille liv. de dot à ses filles, faire élever un ou deux de ses enfans pour les arts, ou pour les sciences ; en placer un dans le barreau, un autre dans l'église, fournir à un troisième les moyens de faire le commerce, et garder le plus chéri pour l'agriculture, parce que cette profession étoit préférée et que tout le monde s'honoroit de l'exercer.

En faisant rentrer dans le commerce les biens des maisons réligieuses qu'il avoit supprimées, Joseph II avoit plus travaillé pour ses Peuples que pour lui ; il n'existe pas de pays où cette suppression dût être mieux accueillie, attendu que presque la moitié des

(94)

fonds territoriaux étoient dans la main-morte;
cependant cette opération, toute salutaire
qu'elle étoit, trouva des contradicteurs et occasionna des troubles, qui furent comme les
avant-coureurs du grand orage politique qui
se formoit en France, pour venir fondre sur
ce malheureux pays et le ravager.

Un certain Vandernoot, qui faisoit consister
le patriotisme à maintenir d'antiques usages,
organisa une insurrection. Un autre individu
tout aussi peu éclairé en patriotisme, mais non
moins ambitieux se mit à la tête d'un parti; le
sang avoit déjà coulé et la guerre civile alloit
s'allumer, lorsque les troupes de l'Empereur
l'étouffèrent presque dans son principe.

A peine sorti de ce danger le peuple Belge
vit son territoire envahi par l'armée Française, sous les ordres de Dumourier; on prétend que ce Général, Danton et Delacroix
écrémèrent ses richesses et commencèrent
sa ruine; mais cette première violation de ses
propriétés étoit à l'eau de rose en comparaison
de la dernière.

Ce n'étoit rien que d'avoir souffert tous les
ravages qu'entraînent une guerre aussi terrible,
d'avoir vu incendier ou démolir ses maisons;
d'avoir vu détruire les plus belles espérances
de récolte; d'avoir vu prendre ses bleds en

gerbes, pour faire les cabanes de nos soldats;
il a fallu encore que ce malheureux Peuple ait
passé par tous les termes du malheur, de l'oppression et de la dévastation.

Ses villes sont été innondées d'une cohorte de
Proconsuls plus inhumains que Phalaris, qui
n'ont rien oublié de ce qui peut exaspérer
les hommes; des Comités, et des Tribunaux
révolutionnaires ont été organisés; les femmes
ont été insultées, les hommes incarcérés, et
les propriétés violées. Notre code révolutionnaire a paru trop doux pour ce peuple paisible;
il a été revu par ces hommes cruels, et aug-
menté d'une foule d'arrêtés qui tous portoient
peine de mort, de sorte que pour un geste
ou un mot, un père de famille étoit envoyé
à l'échafaud, et sa famille étoit livré aux horreurs de la faim et de la misère.

Non contens de torturer ceux qui avoient
eu la confiance de nous attendre paisiblement,
ou plutôt qui n'avoient pas eu les moyens de
se soustraire à la plus cruelle persécution, il
a fallu atteindre les absens, et les abreuver,
eux et leurs familles, de larmes et de désespoir.

Il est de principe, que les Peuples conquis
ne sont sujets aux loix du conquérant, qu'a-
près qu'un traité de paix a confirmé ce der-

nier dans sa conquête ; mais cette loi éternelle et invariable, qui a toujours fait partie du code du droit des gens , a été la première violée. Il étoit naturel que tout citoyen qui avoit mille florins à sa disposition , cherchât à se soustraire, ou à la mort , ou à une existence incertaine , mille fois pire que le trépas ; c'est ce que les Belges un peu aisés avoient fait ; et il faut que l'homme soit bien fortement attaché à sa propriété , pour que l'émigration n'ait pas été plus considérable en Flandre.

Cependant , dès que nos Proconsuls montagnards paroissoient dans ce malheureux pays, tous les murs étoient tapissés d'un arrêté barbare , portant que tout absent qui ne seroit pas rentré sous quinzaine , seroit réputé émigré , puni de mort , et ses biens confisqués au profit de la République.

1.º Cette injuste proclamation ne pouvoit pas parvenir aux absens dans un si court délai. 2.º Leur fut-elle parvenue, les tribunaux révolutionnaires étoient organisés , la guillotine étoit en permanence , les brises-raison de la Montagne dominoient : or , je le demande à tous les Français de bonne foi , en est-il quelqu'un parmi eux qui fût rentré ? Le premier sentiment est toujours pour la conservation de la vie , celle des biens ne peut être

que

que secondaire ; cependant la fortune des ab
sens a été dilapidée , sans profit pour la République , et leurs biens sont encore sous la
garde des *exclusifs* de ce pays ; mais la justice est comme le liège , une main vigoureuse
peut le retenir quelque tems sous l'eau ; une
sage Constitution nous fait espérer que cette
main se fatiguera , et que bientôt nous ver-
rons le liège surnager.

Indépendamment de toutes ces mesures ef-
frayantes , injustes et dévastatrices , une nuée
de réquisiteurs et de membres de cette agence ,
appellée si improprement de commerce , fon-
doient comme des vautours sur les villes et les
campagnes , et ruinoient pour long-tems le
commerçant et l'agriculteur. Jamais opération
n'a été faite avec un arbitraire aussi marqué
et aussi révoltant , chaque réquisiteur mettoit l'embargo sur les marchandises sur les-
quelles sa cupidité avoit spéculé ; ici c'étoit les
linons, les dentelles , etc. qui étoient requis
pour les besoins de l'Armée ; là , c'étoit les
vernis, les tableaux , les voitures de luxe , etc.

La justice distributive étoit absolument mé-
connue dans la répartition des contributions
de guerre , et le caprice seul y présidoit. Un
Proconsul prétendoit-il qu'une partie de ce
pays ne l'avoit pas reçu avec les égards dûs

aux Représentans d'un grand Peuple; on l'écrasoit sous le fardeau des contributions.

Tout le monde sait que sous le régime des gouverneurs, Bruxelles payoit toujours dix lorsque Anvers étoit imposée à sept; cependant cette dernière ville fut taxée le double plus que la première. Les Anversois nous avoient pourtant reçus avec une espèce de cordialité qui méritoit un meilleur traitement. Ils nous avoient remis les clefs de leur ville, sans nous laisser brûler une amorce; enfin, il nous ouvrirent leurs portes comme à des amis et à des libérateurs. Il reçurent les assignats au pair, et livrèrent toutes les marchandises qu'ils possédoient.

Tous ces honnêtes procédés n'empêchèrent pas qu'on ne les accablât, par une taxe si exorbitante, qu'ils furent hors d'état de la payer. Quand ils eurent donné toutes les matières d'or et d'argent, ils offrirent les assignats qu'ils avoient pris au pair et ils furent refusés; ils proposèrent des traites sur les pays neutres, ils n'eurent pas plus de succès; enfin, presque tous les habitans aisés de cette ville furent pris pour ôtages les uns après les autres. Il ne leur falloit que deux jours pour venir, par terre, dans le fort qui devoit leur servir de prison, on eut la cruauté de les faire

voyager par les replis tortueux de l'Escaut et
de la Lys , et ils employèrent trois semaines
pour arriver au fort Scarpe, où ils ont gémi
long-tems , et où ils ont été ruinés sans retour.

Notez que tout le poids de la contribution
tomboit sur les malheureux qui avoient eu
confiance aux Français , et qui avoient eu le
courage de nous attendre ; car les riches
avoient tout quitté pour fuir notre présence.
On prétendit que les biens des absens devoient
supporter leur part de la taxe de guerre ; y
avoit-il rien de plus juste ? Mais nos brises-
raison répondirent que ces biens étoient acquis à la République , et qu'on ne pouvoit
pas la payer avec ses propres fonds. Quelle
injustice ! Vous forcez un peuple à recevoir
vos papiers au pair , sous peine de mort , et
quand il veut vous les rendre , vous lui faites
entendre que ces papiers ne valent plus rien.
Cette conduite ne devoit-elle pas entraîner
la chute de notre signe monétaire , et désho-
norer pour jamais le Gouvernement d'alors.
Mais les fripons ne sont pas toujours politiques.

Dans les tems de troubles et de désordres,
nous ne parlions que vertu , justice et probité , nous annoncions à l'Univers que nous

n'avions pris les armes que pour conquérir notre liberté, et pour affranchir nos voisins de l'oppression des tyrans ; et c'étoit nous-mêmes qui, le fer et la flamme en main, portions la désolation et le désespoir chez les Peuples dont nous devions capter l'amitié, et à qui nous voulions insinuer nos systèmes. Quelle horrible politique !

Les tribunaux de sang envoyoient tous les jours des citoyens à la mort, sous prétexte qu'ils avoient tenté d'avilir la Convention nationale. Qu'y avoit-il de plus propre à l'avilir que les actes extravagans de ses agens d'alors ? Ce sont donc les fureurs des Proconsuls aux Armées et dans les Départemens, qui ont avili cette Assemblée politique, et un Sénat aussi auguste et aussi puissant ne peut l'être que par l'ignorance et la perversité de ceux de ses membres qu'il met en action. Je sais qu'il y en a qui se sont très bien conduits, que d'autres se sont trompés en politique. On peut pardonner cette erreur ; mais ceux qui se sont trompés en probité, sont sans doute coupables, et méritent l'exécration de tous les Français. L'Histoire fera un jour ce triage : pour moi, je défère le crime à la postérité, mais je me ferai toujours un devoir de ménager les individus.

Ce qui fut encore bien sensible à ce malheureux Peuple, fut la destruction de sa Religion, et la profanation indécente de tout ce qu'il avoit toujours respecté.

Tout le monde sait que c'est chez ce Peuple religieux que se forma le généreux dessein de soustraire tous les Pays-Bas à la domination Espagnole, et que c'est même aux environs de Gand, que se portèrent les premiers coups. Les Bataves leur offroient une Religion presque semblable à la leur; mais ils eurent tant de répugnance pour ce changement, qu'ils quittèrent le parti de la maison de Nassau, et préférèrent le joug espagnol. Nos neo-politiques abolissent une Religion reçue, et ne mettent rien à la place, doivent-ils attendre plus de succès que le Batave ?

Le Flamand est naturellement attaché à sa Religion, nos philosophistes ont beau lui dire que cette Religion est toute fondée sur l'erreur, et que les Prêtres ne lui ont prêché ces puérilités, que pour le tromper. Le Flamand lui répond, avec ce phlegme qui lui est si naturel : « Ce que vous me dites peut être » vrai; mais ce que vous traitez d'erreur fai- » soit mon bonheur et mon espoir dans les » adversités et la détresse. Vous êtes donc un » barbare de vouloir m'arracher cette erreur,

» et vous n'en avez pas le droit. » Que ré-
» pondront nos soi-disant philosophes, à une
réplique aussi simple et aussi ingénue ?

Nos Proconsuls Montagnards se sont quelquefois évertués à faire de très-longs arrêtés,
pour affirmer aux Peuples que la mort étoit un
SOMMEIL ÉTERNEL ; mais ils n'ont pas réussi
à persuader ; en général, l'homme n'aime pas
à mourir tout entier ; ce dogme est même
affligeant pour la probité, il ne peut avoir
d'attraits que pour le crime.

La Religion a toujours été le plus puissant
lévier du Législateur, et celui dont il a fait
le plus d'usage, pour ramener les Peuples à
l'observation des loix et de ses devoirs. Tous
ceux qui ont voulu fonder une société, ou
changer un Gouvernement, ont commencé
par faire ou par adopter une Religion. Les
Romains ne se perpétuèrent dans leurs conquêtes, qu'en recevant dans leur Panthéon,
les Dieux de tous les Peuples conquis. Est-ce
en frondant la Religion de tous les Peuples,
que nous donnerons de la stabilité à notre
aggrandissement? Les Religions fussent-elles
des préjugés, l'habile Législateur doit les ma-
nier avec adresse, et les faire tourner au
profit de la société qu'il veut fonder ou changer. Il y a des préjugés utiles, d'inutiles et

de pernicieux. Les premiers doivent être res-
pectés, les seconds ont encore besoin de ménagement, il n'y a que les derniers qui doivent être extirpés; encore, s'ils sont trop
enracinés, il ne faut pas les attaquer trop
brusquement : il est toujours nécessaire d'ins-
truire avant de détruire. L'usage de la mon-
noie est sans contredit un préjugé; il a même
de grands inconvéniens, et devient souvent
pernicieux, puisqu'il porte quelquefois la
corruption dans un Etat; cependant le Législateur qui le détruiroit, seroit le plus inepte
des hommes, puisqu'il attireroit la faim, et
la dissolution du corps social.

Législateur, vous avez traité la Religion de
préjugé, et quoique ce ne fût pas une raison
pour la détruire, vous l'avez abolie, et vous
n'avez su rien mettre à la place ; vous êtes
les premiers qui ayez entrepris de gouverner
un grand Peuple, sans faire usage d'un lévier
aussi puissant; c'est une expérience qui peut
ne pas vous réussir, et en matière de Gouvernement, toute espèce d'expérience qui ne
réussit pas, est un crime. Cette Religion étoit
tirée du plus parfait code social qui ait encore paru. La liberté politique et civile en
est un des points fondamentaux, qui s'arrête
précisément où commence la licence. L'é-

galité civile y est ordonnée à chaque page : vous-même avez regardé l'égalité politique comme un être de raison. Son grand précepte : *obéissez aux Puissances*, devroit être dans ce moment votre palladium, et le même homme qui, en vertu de ce sage précepte, obéissoit aux Puissances de l'ancien régime, obéira plus volontiers à nos nouvelles loix, et respectera leurs organes s'ils sont sages, et qu'ils veuillent faire son bonheur.

Quand vous avez aboli la Religion, vous avez donné pour prétexte que les Ministres de cette Religion conspiroient contre le nouveau Gouvernement ; il peut se faire que quelqu'un de ceux que la déportation a exaspérés, se soient retirés dans la Vendée, et aient cherché à se venger ; mais ce n'est pas le grand nombre. Il est sûr qu'aucun de ceux qui sont restés sur le territoire de la République, ne s'est trouvé dans aucune conspiration ; quand même cela seroit arrivé, vous auriez à punir les coupables ; mais vous ne deviez jamais confondre une Religion avec ses Ministres. On se contente de n'avoir pas de confiance aux charlatans ; mais proscrit-on la médecine, parce qu'il y a de mauvais médecins ?

AVIS AUX FLAMANDS.

Peuple Belge ! il n'est pas de maux que quelques factieux couverts d'opprobres et de crimes, ne t'aient fait éprouver ; mais garde-toi bien d'imputer toutes ces horreurs à la totalité de la Nation française. Nous étions comme toi victimes de la fureur des brigands. Tu as eu à souffrir, il est vrai, mais nous t'indemnisons assez, en t'ouvrant l'embouchure de l'Escaut ; c'est par cette porte que doivent rentrer toutes les richesses qu'on t'a ravies. Conduis-toi avec sagesse, et dans peu de tems toutes tes plaies seront fermées pour ne plus se r'ouvrir. N'étant plus intermédiaire entre nous et les Puissances qui peuvent nous rivaliser, ton territoire ne servira plus d'arène à l'ambition, et une paix éternelle te fera prospérer. Songe que ton existence politique est étroitement liée à la nôtre, et que tu ne peux te séparer de nous, sans t'exposer à périr. Un Gouvernement parfaitement organisé s'élève sur les débris

de l'anarchie, il s'établira sur les bases éter-
nelles de la justice, et en faisant notre bonheur, il fondera le tien. Si tu connois tes
intéréts, tu jetteras un voile épais sur le
passé, et tu nous seras éternellement uni.

FIN DE LA PREMIÈRE PARTIE.

HISTOIRE CHRONOLOGIQUE

DES OPÉRATIONS

DE L'ARMÉE DU NORD,

ET DE CELLE

DE SAMBRE ET MEUSE.

SECONDE PARTIE.

CHAPITRE PREMIER.

Tactique du Général Pichegru.

ON a dû remarquer dans la première partie
de cet Ouvrage, que la tactique du Général
Pichegru est d'un genre tout nouveau. Elle
consiste à poursuivre continuellement l'ennemi, à chercher les occasions de le battre,
à ne point diviser ses forces devant les places,
à ne prendre que celles qui sont absolument
nécessaires pour assurer la position des troupes, sans avoir l'air de s'occuper de celles
qu'il laisse derrière lui.

Cette tactique étoit la seule qui convînt à notre position; elle étoit encore celle qui s'allioit le mieux avec le caractére français. On ne peut pas douter que nous n'eussions des troupes remplies de courage et de bravoure; mais la plupart étoient neuves, et pas assez exercées dans l'art des sièges, pour qu'on pût en entreprendre de difficiles; d'ailleurs, le soldat Français est trop ardent et trop impatient pour exécuter des opérarions qui exigent une grande constance; en campagne, il va comme un aigle et se bat comme un lion. Mais un siège long et difficile le rebute, et souvent même le décourage.

Pour avoir une armée invincible et parfaite, il faudroit faire les sièges avec des troupes Suisses, et composer les Armées d'observation avec des Français. Mais tant qu'on ne commandera que des Français, il faudra ne pas les laisser croupir long-tems à la même place, les tenir constamment en haleine, et ne pas leur laisser perdre l'ennemi de vue.

Si Pichegru avoit suivi les ordres du Comité de Salut Public, s'il n'eut pas connu le caractère français, et qu'il n'eut pas adopté une tactique inusitée; il auroit fait égorger au moins 50,000 hommes devant nos places du Hainaut. Il auroit peut-être été battu,

Eût-il même été vainqueur, il n'auroit très certainement pas poussé ses conquêtes jusqu'à la mer du Nord, et aux frontières de la Westphalie. Je mets en fait que toutes les batailles ou chocs qui ont eu lieu en rase campagne, n'ont pas coûté 15,000 hommes à la France. Le seul siège de Valenciennes, poussé avec la vigueur que l'importance de cette place exigeoit, pouvoit nous dévorer 50,000 hommes ; or, entre deux maux inévitables, il y a toujours de l'habileté à choisir le moindre.

Le Roi de Prusse étoit le seul entre les coalisés qui se défiât des plans de Pichegru ; et le seul qui lui ait rendu justice. Vers le commencement de la campagne, ce Monarque écrivit à l'Empereur, et sa lettre (qui fut insérée dans un journal de la Belgique) portoit en substance : « Il est impossible de sau-
» ver votre territoire de l'invasion ; les Fran-
» çais ont des armées toujours renaissantes ;
» et ne vous y trompez pas, leurs Généraux
» ont une bonne tactique, qui déconcerte
» la nôtre, et la met toujours en défaut. »

Le succès a parfaitement justifié les plans de nos Généraux ; en tactique comme en administration, le commun des hommes ne voit que les résultats, et tout passe pour mauvais, lorsque le succés ne les suit pas ; mais ceux qui ne sont pas esclaves des évènemens, examinent un projet, et en calculent la solidité. S'ils le trouvent bon , quand même il ne réussiroit pas ; ils ne laissent pas de l'admirer et de l'applaudir ; ainsi, quand Pichegru auroit échoué , les connoisseurs n'en auroient pas moins dit que sa tactique étoit bonne. Ils se seroient contentés de dire de lui , ce que les Allemands disent de Clairfait, et ce que tout le monde doit en dire : « c'est » un très - grand Général ; mais il n'est pas » heureux ». Si Pichegru n'eût pas mieux réussi que Clairfait, les Montagnards et les Jacobins l'auroient envoyé à l'échafaud. Les Allemands sont plus sages.

Nous avions laissé long tems derrière nous , Condé, Valenciennes et le Quesnoy, sans avoir l'air de nous en embarrasser ; cependant ces trois Places étoient , comme d'elles-mêmes , tombées en notre pouvoir. En passant la Meuse , nous laissions Sas-de-Gand , Hulst et Axel , dans la Flandre ; Berg op Zoom et Breda , dans le Brabant Hollandais. Il y avoit à parier que ces Places nous reviendroient tout comme les précédentes, sans user nos hommes, ce qui ne tarda pas d'arriver.

CHAPITRE III.

Passage de la Meuse par deux divisions de l'armée du Nord ; combat qui eut lieu après ce passage entre l'armée Anglaise et la division de Souham.

Ayant à Bois-le-Duc de quoi s'appuyer, l'Armée devoit naturellement se porter sur la Basse - Meuse, passer ce fleuve, pour forcer l'ennemi à se retirer derrière le Vahal, et completter l'investissement de Grave. Cette dernière place devoit entrer dans notre ligne de fortification sur la Meuse. Le projet de prendre Maëstricht et Venloo étant formé, on ne devoit pas laisser cette dernière forteresse si près de Bois-le-Duc. D'ailleurs, ces mesures étoient nécessaires pour faire appuyer la gauche de l'armée de Sambre et Meuse, par la droite de celle du Nord.

La division du Général Bonneau, et celle commandée par le Général Souham, passèrent la Meuse le 27 Vendémiaire (19 octobre v. st.), auprès de Tefrelen. Ce passage s'effectua sans aucune opposition de la part de l'ennemi, qui se contenta de nous attendre dans les environs de Puffleck, où il fut battu, comme on le verra plus bas.

On auroit passé quelques jours plutôt; mais on n'avoit que dix-neuf pontons pour couvrir plus de cent toises de rivière. Il fallut donc chercher des barques le long du fleuve pour y suppléer, ce qui retarda la construction du pont, et nuisit même à sa solidité; car les réparations qu'on étoit obligé d'y faire à chaque instant, firent durer le passage vingt-quatre heures. Il y eut même une demi brigade qui ne put passer que dans la matinée du 28.

Tous ces contre-tems, joints à la marche, rendue pénible par une boue tenace et glissante, ou par un brouillard très-épais qui mouilloit jusqu'à la peau, firent que l'attaque qui devoit se faire immédiatement après le passage, ne put avoir lieu que le lendemain.

L'on doit même dire qu'il faut commander des Français, pour avoir pu l'exécuter ce jour-là. Nos braves Défenseurs avoient passé la nuit sans barraques, les uns dans les fermes d'Alphen, Leuven, Masbommel, et les autres sur les chemins et dans les fossés, sans pain depuis quatre jours; n'ayant pas eu un moment pour faire la soupe depuis quarante-huit

huit heures , dans cette cruelle position , on s'attend que les murmures vont éclater , au moins contre les administrations ; point du tout, personne ne murmura, on courut à l'ennemi vers la pointe du jour , on se battit toute la journée ; et tout le monde fit des actes d'héroïsme , dont le souvenir doit faire trembler tous les ennemis de la France.

Les Nations voisines dénigrent les Français parce qu'un petit nombre de brigands ont commis des crimes dont aucun peuple ne s'est souillé ; mais peuvent-ils refuser leur estime aux braves gens qui composoient nos armées ? Eh bien la Nation étoit là , ou dans les cachots, et non dans les clubs et les administrations. Il a été un tems où tous les pouvoirs avoient été usurpés par huit à dix mille scélérats, qui devoient nécessairement en abuser. Qu'elle est la Nation qui peut se vanter de n'avoir pas le même nombre d'hommes pervers ? Tout le mal a été fait par ce petit nombre de brigands ; mais tout le bien s'est fait sans eux, quoiqu'en dise la Montagne.

Le combat d'outre-Meuse , sans être un des plus marquans , eut une si grande influence sur le succès de la campagne , qu'il mérite de faire époque et d'être décrit. Il fut un acheminement à la prise de Nimègue, au

H

complément du blocus de Grave , et par conséquent à la conquête des Provinces - Unies. En voici les détails.

Pour nous empêcher de pénétrer dans le pays de Mas-Wahal , l'ennemi s'étoit retranché sur les digues des deux fleuves : ses deux ailes appuyoient l'une sur Apeltern , l'autre sur Druter. Le pays qui est entre ces deux digues est plus bas que le lit des rivières. C'est une immense prairie toute coupée de larges et profonds fossés, remplis d'eau croupissante. Son front dans cet espace étoit couvert par le canal appellé *Oudevéteringue* , lequel est soutenu par une digue qui domine sur toutes les prairies.

Il y a encore de là à Druten , une autre digue de la même élévation. L'ennemi avoit fait des retranchemens et établi des batteries sur cette excellente ligne, et l'avoit couverte de plusieurs bataillons d'infanterie anglaise, de corps d'E-migrés et de beaucoup de cavalerie.

Un Historien impartial ne peut pas s'empêcher de convenir que dans cette occasion et dans beaucoup d'autres , les dispositions de l'ennemi , pour la défensive, ont toujours été marqués au coin de la bonne tactique. On peut dire la même chose de toutes leurs retraites. Celle que les Anglais firent dans cette occasion mérite des éloges ; elle exigeoit les plus grandes précautions, et on peut affirmer qu'il n'y en eut aucunes de négligées.

Ce pays, comme je l'ai, déjà dit est tout coupé de fossés profonds qui ont huit à dix pieds de largeur ; sur chacune de ces coupures, il y avoit, de distance en distance, des ponts indiqués par des jalons. La retraite se fit en bon ordre et les derniers qui passoient, arrachoient les jalons et rompoient le pont.

Indépendamment de toutes ces précautions de défense et de retraite, l'ennemi nous avoit créé beaucoup d'obstacles, soit par les fossés de la plaine, soit en rendant les routes impraticables par de larges coupures et des abattis. Le courage le plus entreprenant devoit se briser contre tant d'obstacles : mais celui du Français est si bouillant qu'il n'en connoit aucun : revenons aux dispositions d'attaque.

Nos troupes eurent ordre de marcher sur quatre colonnes, les deux plus fortes dans la prairie et les deux autres, composées chacune de 2,500 hommes, l'une sur la digue du Vahal, l'autre sur celle de Meuse.

L'attaque commença à la pointe du jour et le combat quoique vif et opiniâtre, dura jusqu'à quatre heures du soir. Les deux colonnes qui avoient marché dans la prairie avoient le

canal de *Oudevéteringue* à passer, et l'ennemi
en défendoit le passage avec acharnement.
Mais après quelques décharges d'artillerie, les
troisième et vingt quatrième demi-brigades,
battirent la charge; rien n'arréta leur impétuosité. Dans leur impatience elles franchirent
les fossés et traversèrent le canal, quoique l'eau
leur montât jusqu'aux épaules. Des Chasseurs
à cheval du cinquième régiment les suivirent
pour les protéger. L'ennemi étonné d'une telle
audace fut déconcerté, il s'ébranla et ne songea
qu'à sauver ses canons; mais comme ceux qui
avoient passé le canal n'étoient pas assez nombreux pour le poursuivre, le tems qu'on mit
à rendre le passage praticable lui servit à faire
sa retraite.

Les deux colonnes qui avoient marché sur
les deux digues eurent bien plus de succès. Sur
celle du Vahal, le neuvième régiment d'hussards, la trentième division de gendarmerie,
et le premier bataillon d'infanterie légère sous
le commandement du Chef de brigade Bon-
homme, fondirent sur le trente-septième bataillon d'infanterie anglaise et le prirent tout
entier avec ses deux canons.

Le citoyen Minier, hussard au neuvième régiment, eut l'intrépidité de pénétrer les rangs
de ce bataillon anglais, tua l'enseigne et enleva

le drapeau. Nous aurions plusieurs traits de ce genre à citer, ils ont même été envoyés à un Comité chargé de les publier ; mais ils se sont sans doute perdus dans les bureaux. Cette négligence n'est pas très-patriotique.

Le Général Fox, faisant revenir ce régiment à la charge, fut pris par un de nos hussards ; mais son cheval supérieur en vitesse à celui du Hussard, le délivra de ce danger et il en fut quitte pour la peur.

Un corps considérable d'hussards émigrés, enveloppa un peloton de ceux du neuvième régiment, et croyoit les garder prisonniers ; mais ceux-ci le chargèrent avec tant d'audace et de vigueur qu'ils passèrent à travers ses rangs et rejoignirent leurs camarades.

Sur la digue de Meuse, le Général de brigade Jardon (7) se mit à la tête du troisième régiment d'hussards, fondit sur la légion de Rohan, presque toute composée d'Emigrés, la défit entièrement, ne fit que soixante-deux prisonniers ; mais détruisit absolument le reste. C'étoit contre des Français et contre des Français exaspérés que cette colonne combattit. Qu'on juge de la terrible déconfiture qu'il dut s'en faire !

La première division de l'armée du Nord, une des plus fortes de toutes les armées françaises, n'a jamais fait un pas rétrograde. Nous devons nos plus grands triomphes à cette division et à celle du Général Moreau ; celle-ci étoit chargée de faire les siéges et l'autre d'observer l'ennemi ; ni l'une ni l'autre n'ont échoué dans rien de ce qu'elles ont entrepris : la France entière leur doit de la reconnoissance. Dans ce combat d'outre-Meuse, la première y a déployé un courage et une constance dont on voit peu d'exemples. On a vu plus haut les obstacles qu'elle avoit eus à surmonter ; ajoutez à cela qu'au moment de l'attaque, elle étoit harassée de fatigue, dépourvue de vivres, obligée de marcher dans des chemins affreux et par un tems horrible. Si les patriotes des Armées avoient ressemblé à ceux de l'intérieur, au lieu de marcher droit à l'ennemi, ils se seroient exhalés en murmures contre les Administrations et se seroient arrêtés pour les dénoncer. L'ennemi auroit profité de leur division pour les attaquer et les auroit sûrement battus. Ces braves gens en usèrent autrement ; ils virent que pour être moins malheureux, il falloit marcher à l'ennemi et le battre. Ils partirent donc comme un éclair, frappèrent comme la foudre : voilà ce qui peut passer pour du vrai patriotisme.

Nimègue étoit la seule Place par où l'enne-

mi put passer pour venir nous attaquer dans
le pays d'entre-Meuse et Rhin. Il étoit donc
nécessaire de s'en emparer, tant pour assurer
la position des deux Armées sur le Rhin et le
Vahal, que pour faire tranquillement le siége
de Grave et cantonner sûrement nos troupes.
Toutes ces considérations déterminèrent l'entreprise de ce siége.

En conséquence, quoique la saison fût trésavancée, on s'approcha de Nimègue; le 6 Brumaire (28 Octobre v. st.), on en fit l'investissement partiel. Immédiatement après la victoire de Pufflech on avoit fait passer des troupes
à Wichem et à Poninguem pour compléter
l'investissement de Grave.

H 4

CHAPITRE III.

Siège de Venloo; capitulation de cette Place; prise de Maëstricht, Coblentz et Rheinfeld; prise de Nimègue.

LE siège de Venloo, confié au Général Laurent, est un des évènemens les plus remarquables de la campagne. On m'a assûré que ce Général n'avoit pas plus de 4 000 hommes à sa disposition, lorsqu'il l'entreprit. Ceux qui connoissent cette Place et qui ont des lumières dans l'art des sièges, conviendront, sans doute, qu'il faut avoir bien de l'audace pour faire une si belle entreprise avec de si petits moyens. Il n'en est pas moins vrai qu'elle fut faite et quelle réussit parfaitement. On commença d'abord par se porter à cent toises du chemin couvert. On fit à l'ennemi une surprise de tranchées qui le déconcerta entièrement; notre mousqueterie éteignit le feu de l'artillerie de la Place. On établit des batteries, et quoiqu'on ne pût les garnir qu'avec des pièces de campagne, on somma la garnison de rendre la Place. Voulant tenter une sortie, elle fut vigoureusement repoussée; enfin, intimidée par la hardiesse et la proximité de nos ouvrages, elle accepta la capitulation, et nos troupes y entrèrent le 5 Brumaire (27 Octobre v. st.)

On n'a presque pas parlé de ce siége et en voici la raison : les systémes politiques de l'ancien Comité de Salut Public étoient si effrayans, que tous les Généraux redoutoient ses fureurs. Les uns croyoient de les éviter en exagérant leur succès ; les autres en les laissant ignorer. L'armée du Nord avoit adopté ce dernier moyen, et l'on doit avoir remarqué que Pichegru n'a jamais fourni de longs détails sur ses victoires ; qu'il s'est toujours borné à ne publier que les grands résultats. Ce Général a toujours parfaitement bien jugé les Gouvernans d'alors ; je puis même affirmer qu'il les apprécioit à leur juste valeur. Ainsi, quoiqu'on ait gardé le silence sur cet exploit hardi, mais bien concerté, il n'en est pas moins vrai qu'il mérite notre admiration, et il faudroit être aussi peu patriote que les *exclusifs* pour refuser des éloges, et à ceux qui ont dirigé cette belle entreprise, et à ceux qui l'ont exécutée.

Je n'ai pas beaucoup connu nos Officiers du génie, ni ceux de l'artillerie. J'ai bien du regret de ne pouvoir citer leurs noms, ni célébrer les services importans qu'ils ont rendus. Les ouvrages d'attaque et de défense qu'ils ont fait exécuter, soit dans les siéges, soit ailleurs, méritent, sans doute, d'être décrits ; mais étant au-dessus de ma portée, je craindrois de me tromper. Si j'avois pu prévoir qu'un jour j'écrirois cette Histoire, cette lacune ne s'y rencontreroit pas. Le Citoyen Dejean, Général du Génie, homme aussi estimable par ses talens que par l'aménité de ses mœurs, se seroit fait un plaisir de me fournir des matériaux. Cet honnête homme, qui, quelquefois avoit la complaisance de m'entretenir des opérations qui le regardoient, ne m'auroit pas refusé un mémoire détaillé qui intéresseroit, sans doute, les lecteurs instruits; mais on ne s'avise jamais de tout.

Le Général du Génie Marescot, celui d'artillerie Heblé, sont encore deux hommes, dont je ne connois pas les travaux ; mais l'un et l'autre jouissent de l'estime générale et passent pour avoir rendu de très-grands services à la chose publique.

Les fatiguantes courses d'une campagne aussi active, ou l'habitude constante de coucher habillé, firent contracter à Pichegru une maladie cutannée, qui l'obligea de nous quitter devant Nimègue, pour aller se faire guérir à

Bruxelles. Pendant son absence, le Général Moreau eut le commandement de l'armée du Nord ; mais Pichegru continua sa correspondance avec lui et Jourdan, et les aida de ses conseils.

Louis XIV prit Maëstricht en treize jours, et Louis XV dans l'espace de trois semaines. Le général Kléber s'est emparé de cette importante forteresse, le 14 Brumaire (5 Novembre v. st.), après onze jours de tranchée ouverte. Tous nos plus fameux Poëtes ont célébré, dans les deux premières époques, la prise de cette Place. Les pinceaux des meilleurs Peintres en ont éternisé le souvenir, et le nom de Kléber est à peine connu. D'où vient cette apathie pour les triomphes des Généraux républicains, et cet empressement à illustrer ceux des Monarques ? C'est, sans doute, parce que ceux-ci ont de l'or et des places à donner, et que les autres ne peuvent rien donner. Il viendra, sans doute, un tems où les exploits de Spartacus et de l'intrépide Morgan, seront admirés et célébrés, comme ceux d'Alexandre et de César ; mais il faut pour cela que nous devenions plus Républicains, c'est-à dire, plus raisonnables et plus vertueux.

Dans le tems que Kléber prenoit Maëstricht, la droite de l'armée de Sambre et Meuse s'emparoit de Coblentz et de Rheinfeld. Celle du Rhin s'étant avancée dans le Palatinat, Mayence fut la seule Place que les Coalisés conservassent sur la rive gauche du fleuve. Les bons Politiques pensent que la paix est dans cette Place ; il faut espérer que nos braves soutiens iront l'y chercher, et nous feront bientôt jouir de ses avantages. Tous les peuples la desirent et en ont besoin.

Nimègue n'avoit pu être investi que sur la rive gauche du Vahal. L'armée anglaise, forte d'environ trente-huit mille hommes, campoit de l'autre côté et par le moyen d'un pont de batteaux et d'un pont volant, avoit la facilité de rafraîchir et de renouveller la garnison de cette Place, quand bon lui sembloit. Les fortifications nécessaires à la défense de cette Ville étoient en bon état ; ses ouvrages avancés, qu'on appelle lignes, étoient garnis de fortes pièces de canons et de mortiers, dont les feux se croisoient parfaitement. Ces lignes couvrent les remparts et font un véritable camp retranché. Indépendamment de tout cela, une ligne circulaire de trous de loup très profonds, assez près des batteries, ceignoit toute cette Place, et rendoit inutiles les efforts de notre cavalerie.

Pour completter l'investissement de Nimègue, il auroit fallu faire passer le Vahal à un corps d'armée de 30,000 hommes. Mais indépendamment que le passage présentoit de très-grandes difficultés, la crue des eaux pouvoit couper toute communication entre ce corps et le reste de l'armée, et s'il eût éprouvé un échec, on n'avoit aucun moyen de le secourir.

Tant de difficultés, toutes palpables, faisoient regarder le succès de ce siège comme incertain. Ne trouvant dans l'Histoire que deux exemples de réussite en pareille hypothèse, j'étois moi-même convaincu de son impossibilité. Le Général Souham, qui étoit chargé de le commander, regardoit sa mission comme une vengeance que les Représentans vouloient exercer contre lui, à cause qu'il les avoit toujours traités très-cavalièrement. Enfin on étoit si convaincu de l'impossibilité du succès, qu'on avoit ordonné une attaque de vive-force sur les lignes. Cette mesure étoit périlleuse, mais elle étoit indispensable. Le bonheur ou la terreur que nos troupes avoient imprimée à l'ennemi, nous dispensèrent de ce dangereux coup-de-main, et voici comment :

On établit aux deux bouts de l'arc, que formoient nos troupes, deux fortes batteries, l'une à droite et l'autre à gauche. Toutes deux étoient destinées à tirer sur le pont de batteaux et sur le pont volant, qui servoient de communication entre la Place et l'armée anglaise. Nos artilleurs réussirent à couler bas plusieurs des batteaux qui soutenoient le pont. Les Anglais furent tellement déconcertés par cette avarie, que dans la nuit du 17 au 18 Brumaire (8 et 9 Novembre) ils les réparèrent, évacuèrent la Ville, retirèrent le pont sur la rive droite et le brûlèrent, laissant les Hollandais seuls dans la place.

La garnison hollandaise se voyant trop foible pour nous résister, se mit en désordre. Une partie s'embarqua dans le bacq du pont volant; mais ou un boulet, ou le poids de tant d'hommes rompirent le cable, et leur passage ne put pas s'effectuer : dans cet instant les portes nous furent ouvertes, et nos troupes allèrent retirer les Hollandais hors du Vahal pour les faire prisonniers.

Il est à remarquer que dans le tems que les Hollandais sortoient du fleuve, les perfides Anglais firent des décharges qui se dirigeoient aussi bien sur les Bataves que sur nos troupes. Ces Insulaires s'étoient déjà deshonorés en retirant et brûlant le pont, avant que la garnison hollandaise eût passé. Ils ont mis le comble à leur perfidie, en tirant sur le bacq dans lequel étoient leurs camarades et leurs alliés.

Nous n'avions pas besoin de capituler avec le peu de garnison que les Anglais avoient laissés à Nimègue, puisque le tout étoit déjà en notre pouvoir. Mais le Général Souham craignit que cetteVille ne fût regardée comme prise d'assaut et livrée au pillage, ce qui le détermina à faire un simulacre de capitulation en un seul article; portant que la garnison se rendroit tout de suite sur les glacis, y déposeroit les armes et seroit conduite sur les derrières, pour être prisonnière de guerre.

Dans les rapports officiels que les Représentans firent de la prise de Nimègue, ils affirmèrent que celle du fort Schenck avoit déterminé l'ennemi à évacuer cette Place, et qu'étant maîtres de ce fort, nous l'étions aussi du passage du Vahal. Les ignorans ne savoient pas que ce fort n'est plus comme autrefois sur la rive droite du Rhin ! que dans une alluvion, ce fleuve a changé de lit, et que ses ruines sont maintenant sur la rive gauche, et ne sont d'aucune importance. Mais pourvu que dans leurs relations ils traitassent les ennemis de lâches, d'esclaves, de tyrans, qu'ils fissent mordre la poussière à une quantité exagérée de ces mêmes esclaves, et que tout

cela ne nous coûtât que deux ou trois Républicains , le rapport étoit parfait. Ces phrases
bannales ne valoient pourtant pas une scru-
puleuse exactitude. Pour ne pas se rendre
ridicule , il auroit fallu aller sur les lieux ,
ou consulter ceux qui les connoissoient; mais
les Représentants se croyoient infaillibles , et
cette présomption leur faisoit souvent écrire
de plates balourdises , qui faisoient rire aux
éclats tous les militaires sensés.

CHAPITRE

CHAPITRE IV.

Dénuement où se trouvoit l'Armée, lors de son entrée à Nimègue ; nécessité de la cantonner ; projet sur l'Isle de Bommel, abandon de ce projet ; investissement de Breda ; évacuation des places de la Flandre Hollandaise.

IL faut avoir vu le dénuement absolu où se trouvoit l'Armée à la prise de Nimègue, pour s'en faire une idée. Tout en se couvrant d'une gloire éclatante, nos braves Défenseurs s'étoient aussi couverts de haillons, de vermine et de gale. Sept mois complets de bivouac avoient totalement usé leurs équipemens. Il y en avoit beaucoup qui auroient désiré se vétir à leurs frais ; mais avant même que les villes ne fussent prises, la réquisition de tous les draps étoit rédigée, et quand les Soldats y entroient, il ne leur étoit seulement pas permis d'acheter de quoi rapiécer leurs vieux habits. Il n'y avoit que l'agence de commerce et les réquisiteurs, qui eussent le privilège de couvrir leur nudité.

I.

La position des officiers étoit encore pire, parce que ne recevant aucun vêtement de la République, ils n'avoient aucun moyen de s'en procurer.

Tous les Généraux étoient outrés des obstacles qu'on faisoit naître toutes les fois qu'un militaire réclamoit les habits qui lui étoient dûs, ou ceux qu'il vouloit se procurer avec son argent. Souham, plus impatient que les autres, prit sur lui de chasser de Nimègue tous les réquisiteurs de l'agence de commerce. Il les menaça même de les faire arrêter, s'ils s'avisoient d'y reparoître. Cette mesure déplut, dit on, à la Représentation. Et c'étoit la première fois qu'on s'étoit avisé de faire quelque chose sans son agrément. On établit des bureaux qui délivrèrent des draps aux officiers, qui les payèrent comptant. Et un très-grand nombre eurent de quoi se couvrir.

Mais le soldat souffrit encore long-tems de la disette de bas, de souliers, de capotes, d'habits, et généralement de toutes les parties de son équipement. Quoique le froid commençât d'être très-vif, il n'étoit pas rare de voir un factionnaire avec un habit, dont les manches tomboient en lambeaux, sans capote, obligé de se couvrir avec son sac de campement. Notez que les subsistances

ne lui étoient pas très-exactement fournies,
et il est difficile de se faire une juste idée du
comble de misère où il étoit réduit.

Malgré cet état déplorable, nos Proconsuls,
bien vêtus, assis auprès d'un bon feu, et jouis-
sant de toutes les commodités de la vie, au
lieu de penser à leur donner du repos et à les
faire équiper, méditoient une expédition sur
les Isles de Bommel et de Béthuwe. Si cette
expédition avoit été possible, aucune consi-
dération ne devoit balancer son entreprise ;
mais elle étoit absolument impossible, et je
ne pardonne pas à ces citoyens de n'avoir pas
voulu adhérer aux avis des Généraux les mieux
instruits et les plus sages, et d'avoir soutenu
ce projet avec opiniâtreté contre toute espèce
de raison.

Moreau, Reunier et les autres Généraux,
leur représentèrent qu'il falloit donner quelque repos aux troupes, qu'après tant de fatigues et de privations, il étoit tems de les
cantonner ; qu'il falloit employer une partie
de l'hiver à les habiller et à les réorganiser ;
que pendant ce tems on construiroit des batteaux, et on rassembleroit des matériaux pour
faire les ponts, et que quand les troupes seroient un peu délassées, elles seroient plus
propres à supporter de nouvelles fatigues. Ils

leur mirent sous les yeux les grandes difficultés qui se rencontroient dans le passage des
deux fleuves. Tour cela ne servit de rien ,
leur sagacité levoit sur-le-champ tous les obstacles , et triomphoit de toutes les raisons.

Il est pourtant sûr que dans la position où
nous étions , le passage du Vahal sur-tout ,
présentoit des difficultés insurmontables. Ce
fleuve est très-large, et nous n'avions qu'un
très-petit nombre de battelets, avec lesquels
il étoit impossible de faire un pont. D'un autre
côté , les pluies avoient rendu les chemins
impraticables , et il n'y avoit aucun moyen
de voiturer de l'artillerie dans ces deux Isles.
Quand même , contre toute apparence , le
passage auroit réussi , les fleuves pouvoient
déborder ou charrier des glaces , et rompre
toute communication avec nos troupes ; alors
celles qui auroient eu passé , ne pouvant recevoir ni renforts , ni subsistances , devoient
nécessairement être battues , et se trouver à
la merci de l'ennemi.

Toutes ces raisons , quoique péremptoires,
ne firent aucune impression sur l'ame de nos
Représentans. Ils voulurent donc , d'une volonté suprême , tenter l'entreprise ; il fallut
obéir.

On prétend que le Général Daëndels (12)

assûra qu'il avoit des moyens suffisans pour effectuer le passage, et qu'il répondoit sur sa tête de la réussite.

La tête de Daëndels est sans doute bien précieuse, car ce Général est un bon militaire et un honnête homme ; mais celles de tant de braves soldats qui périrent inutilement devant le fort Saint André, par une suite de ce projet, valoient bien la sienne. D'ailleurs, quoique dans ces tems la minorité de la Convention fît des loix, il falloit bien se garder d'introduire ce système dans les conseils de guerre.

Le Général Daëndels étant seul à presser cette expédition, avoit, dans le silence, avisé aux moyens de l'exécuter. Il avoit rassemblé à Crévecœur, et dans les anses de la rive gauche de la Meuse, beaucoup de petits batteaux, propres à passer de l'infanterie dans l'Isle de Bommel ; il avoit outre cela, à Bois-le-Duc, assez de matériaux pour faire un pont.

Près de Kokerdm, un peu au-dessus de Nimègue, il y avoit dans une anse du Vahal, assez de petits batteaux pour passer environ trois cents fantassins à-la-fois. Mais on n'avoit aucun moyen de passer la cavalerie et l'artillerie.

Ce point auroit exigé une attaque sérieuse ; mais à cause des difficultés du passage, Moreau n'y ordonna qu'une fausse attaque. Il en fit faire une semblable sur le fort Saint-André, et la principale fut dirigée sur l'Isle de Bommel. Le Général Daëndels fut chargé de celle-ci, et on ne pouvoit la confier à de meilleures mains, parce qu'il avoit parfaitement reconnu les rives de la Meuse, et qu'il avoit une connoissance exacte du local sur lequel il dévoit agir. Il ne tarda pas à s'appercevoir de son erreur, et voyant que son zèle lui avoit fait adopter un mauvais projet, il fut le premier à demander qu'on l'abandonnât. *Humanum est errare, diabolicum perseverare.*

Le 21 Frimaire (12 décembre v. st.), fut le jour fixé pour cette entreprise. La fausse attaque près de Kokérdun, réussit assez bien. Quatre compagnies de grenadiers passèrent le Vahal dans les bâteaux, prirent un Major hannovrien, et enclouèrent quatre pièces de canon. Mais elles furent fort heureuses de pouvoir se rambarquer très-promptement, car l'ennemi s'étoit déjà renforcé, et venoit les attaquer avec des forces très-supérieures ; ce qui prouve qu'une attaque sérieuse auroit immanquablement échoué.

Celle qui eut lieu au fort Saint-André fut plus fâcheuse. Un feu vif et bien soutenu de la part de l'ennemi, nous enleva un certain nombre de bons soldats. On doit plaindre tous ceux que la guerre moissonne ; mais on est doublement affligé, quand leur mort est inutile à la chose publique.

Quant à la principale attaque, qui devoit se diriger sur l'Isle de Bommel, le Général Daëndels s'apperçut bien vite de son impossibilité. Il vint dire au Général Moreau qu'il étoit urgent d'abandonner ce projet, attendu qu'il ne pouvoit tirer les batteries de l'endroit où ils étoient, sans trop s'exposer au feu de l'ennemi. Moreau qui avoit toujours mal auguré de cette entreprise, ne fut point étonné de cet inconvénient. Il se hâta de donner contre-ordre à cette attaque.

L'armée obtint enfin quelques jours de repos, et sa situation auroit exigé qu'il se prolongeât tout l'hiver. Mais un froid rigoureux ne tarda pas à geler les fleuves. La glace devint assez dure pour nous éviter l'embarras des ponts. L'occasion étoit trop belle pour que Pichegru la laissât échapper, et l'on verra bientôt avec quelle activité il profita des circonstances.

Avant de prévoir que les glaces devien-

droient assez solides pour faciliter notre entrée en Hollande, on avoit projetté de laisser
hiverner les troupes en deça du Vahal. Mais
pour mettre à profit leur repos, et préparer
pour la belle saison la prise d'une Place importante, on avoit pris le parti de faire investir Breda, par les cantonnemens d'hiver.
En conséquence, le Général Bonneau (1),
dont la division étoit cantonnée dans le pays
de Mas - Vahal, eut ordre d'en partir le 27
Frimaire (18 Décembre v. st.), pour former,
conjointement avec la division du Général
Lemaire, le blocus de Breda. Cet investissement fut complet le premier Nivôse (28 Décembre v. st.)

Etant maîtres de Nimègue, nous n'avions
plus à craindre que l'ennemi tentât de passer le
Vahal, et vint secourir Grave. On auroit pu
faire sur-le-champ le siège de cette Place,
quoique très-forte et en bon état de défense.
Réduite à ses propres forces, elle ne pouvoit
pas nous résister. Mais ce siège auroit été
très-meurtrier, et l'on n'étoit pas sûr que les
innondations de la Meuse ne viendroient pas
détruire les travaux du siège. Le Commandant
de cette Place étoit un homme d'honneur,
qui ne vouloit la rendre qu'à bonnes ensei-
gnes. Dénuée de tout secours, elle ne pouvoit

pourtant pas manquer de tomber entre nos mains avant la fin de l'hiver, et l'impatience de la posséder pouvoit nous coûter cher. On se contenta donc de la tenir bloquée, et d'y jetter quelques bombes. L'événement justifia ce plan, puisqu'elle ne tarda pas à se rendre sans que nous eussions fait le moindre sacrifice.

On avoit déjà prévu que les Hollandais seroient obligés d'évacuer leurs places de la Flandre, pour rapprocher les garnisons de leur armée. Cette évacuation eut lieu en effet, et le Général Michaud s'empara de toutes ces forteresses, dans le courant de Frimaire.

Les Autrichiens n'avoient plus aucun poste sur la rive gauche du Bas-Rhin. Ils avoient pourtant relevé des retranchemens à Burich vis-à-vis de Vezel, qui auroient pu servir de tête de pont. Ils en furent chassés avec perte le 19 Brumaire (10 Novembre v. st.), de manière que lors de notre cantonnement, l'ennemi ne pouvoit plus nous inquiéter, le Rhin nous séparant de lui.

Depuis que nous étions entrés dans la Gueldre, le Représentant Richard ne nous suivoit plus. Ce Législateur visitoit les militaires, accompagné seulement de son secrétaire, vivoit avec eux de bonne amitié, et étoit juste à leur égard. Ceux qui le remplacèrent parurent avec un cortége semblable à celui des Proconsuls Romains , et une morgue qui déplaisoit à tout le monde. Ce qui indignoit sur-tout les officiers qui faisoient la guerre , c'étoit de les voir toujours accompagnés par des adjudans généraux , qui leur servoient de gardes du corps. Tant il est vrai que dans tous les régimes , il y a des hommes qui aiment mieux plaire que servir, et flatter que se battre !

On dit qu'un de ces hommes à pouvoirs illimités , que je ne connois ni ne veux connoître , assomma un soldat à coup de plat de sabre , sur les glacis de Nimègue , parce que ce malheureux changeoit son arme contre une de celles des prisonniers. Il falloit bien compter sur la terreur qu'imprimoit la guillotine , pour oser se livrer à une pareille fureur ; mais les Montagnards , tout en criant contre le despotisme et contre la tyrannie , étoient mille fois plus despotes et mille fois plus tyrans que le Roi de Maroc. Ils ne parloient que de nivellement et de parfaite égalité , et cette prétendue égalité n'avoit pas de plus cruels ennemis qu'eux. Ils se glorifioient du nom de *Sans-culottes*, mais ce nom qu'ils prenoient avec tant de complaisance, n'étoit qu'un prétexte pour s'emparer des

culotes de tout le monde ; et à la faveur de ce
titre, au lieu d'aller à pied comme autrefois,
on ne les a plus vus que dans de brillantes
voitures. Si ceci est du patriotisme, quel
nom donnera-t-on au vol et au brigandage ?
Si les prétendus sectateurs de l'égalité ne se
servent de ce mot que pour s'élever au dessus de tout le monde, devons-nous espérer
qu'elle s'établisse jamais en France ?

CHAPITRE V.

Pichegru reprend le commandement des armées ; le froid excessif lui présente les moyens de passer les fleuves ; prise de l'Isle de Bommel ; capitulation de Grave ; blocus de Heusden.

LE Général Pichegru, pour qui le repos a moins de charmes que la grande agitation, s'ennuyoit à Bruxelles, et regrettoit le tems qu'il perdoit à se faire guérir. Voyant que la rigueur de la saison pourroit servir ses projets sur la Hollande, il rejoignit l'Armée, sans attendre sa parfaite guérison.

Ce Général avoit fait l'année d'auparavant un très-bon apprentissage d'expédition d'hiver, et tout le monde connoît les succès étonnans qu'il avoit obtenus sur le Haut Rhin. Mais ce qu'il avoit fait dans les tems froids du côté de Wissembourg, auroit pu se faire dans la belle saison, au lieu qu'il falloit absolument un hiver aussi rude que celui de 1795, pour lui donner les succès éclatans qu'il eut en Hollande.

La conquéte de la Hollande est impossible dans les tems ordinaires, à cause de ses eaux ; on ne peut y faire un pas sans y rencontrer un lac, un fleuve, ou une grande riviere. Tous les pontons qui sont dans nos Armées ne suffiroient pas pour faire les ponts nécessaires à cette conquéte ; supposé qu'on en eût assez. Tous les chemins de ce pays aquatique sont fondés sur des digues ou dans des marais. Le passage d'une Armée les auroit dégradés dans l'instant, et alors sa retraite seroit devenue, sinon impossible, du moins très-difficile.

Dans un moment de détresse, les Hollandais peuvent lâcher les digues de la Nort-Hollande, et mettre toute la Westfrise, la province de Hollande et une partie de celle d'Utrecht sous les eaux de la mer. En faisant des coupures aux digues des rivières, ils peuvent inonder les provinces de l'Est, et mettre de grands obstacles à leur invasion. Or, qui peut nous assûrer dit que le Stathouder, au désespoir, n'auroit pas pris ces mesures, quelques dévastatrices qu'elles soient, si nous avions attendu le printems pour marcher sur la Hollande? Ses prédécesseurs ont usé de ces moyens contre Louis XIV; il n'y a pas de raison pour qu'il ne s'en fût pas servi contre nous.

Pichegru regardoit cette conquéte comme

impossible dans des tems ordinaires. Les habitans du Brabant Hollandais étoient si convaincus que nous échouerions dans ce projet,
que lorsque nous leur disions que nous pré-
tendions aller au Zuiderzée ; ils répondoient
gravement : « si vous y allez, on vous y
» noyera, et aucun de vous n'en reviendra ».

La politique commandoit pourtant impérieusement de détacher cette pierre de la coalition, de déblayer ces marais des nombreux
ennemis que nous y avions, et de rendre
l'Armée du Nord disponible, pour l'envoyer
cueillir de nouveaux lauriers sur un autre
point. Il falloit donc des glaces solides pour
obtenir tous ces résultats ; ainsi, malgré l'é-
tat de détresse où se trouvoient nos troupes,
malgré le besoin qu'elles avoient de se reposer,
une occasion favorable se présentoit, il falloit la saisir ; si on l'eût laissé échapper,
on ne l'auroit plus rencontrée.

Le Gouvernement Hollandais prévoyant ce
qui devoit lui arriver, et ayant la mesure de
l'intrépidité de nos Armées, fit des tentatives
pour faire la paix. Mais ses offres, quoique
très-avantageuses dans les tems antérieurs, ne
parurent pas assez pour la situation où il étoit
alors. Ce Gouvernement demanda aussi un
armistice, mais cette proposition n'étoit pas

acceptable ; elle fut rejettée. En un mot, l'autorité de la Maison de Nassau étoit mûre, il falloit qu'elle tombât.

Cette maison s'étoit faite de nombreux ennemis dans l'intérieur de la Hollande, et ses dernières usurpations avoient totalement aliéné les esprits contre le Stathouder régnant.

En 1579 le peuple Batave se donna un Chef pour s'empêcher d'avoir un maître. Le Stathouderat étoit donc une charge aussi ancienne que la République Hollandaise. Les pouvoirs de ce Chef se bornoient à la direction des forces de terre et de mer. Cette dignité étoit élective et sujette à suppression ; elle a même été supprimée dans le siècle dernier l'espace de douze ans, depuis 1660 jusqu'en 1672. Le peuple Batave s'étoit expressément réservé les pouvoirs législatifs, administratifs et judiciaires. Mais les Peuples ont beau prendre des précautions, ils ont beau diviser et limiter les pouvoirs et se réserver leurs droits, tout Chef tend naturellement à devenir maître absolu quand il en trouve l'occasion ; s'il a la force en main il s'en fait bientôt un droit.

En 1747 le Stathouder commença d'attaquer la Constitution Batave en rendant cette dignité héréditaire à toute sa postérité masculine et féminine. Cette usurpation devoit déplaire à un peuple jaloux de sa liberté; cependant elle n'occasionna aucune explosion.

En 1787, le dernier Stathouder attaqua de front la liberté civile et politique des Hollandais. Non content d'être Gouverneur-général, Capitaine-général et Grand-Amiral, il voulut influencer le Corps législatif et les administrations. Il y réussit si bien qu'il n'y avoit plus en Hollande ni Législateurs, ni Magistrats, et que même jusqu'aux Bourguemestres des plus petits villages, qui ne fût nommé par lui ou par ses partisans. Des mécontens voulurent s'insurger, le Roi de Prusse lui envoya des troupes qui, selon le langage des Tyrans, mirent à la raison ceux qui réclamoient contre cette usurpation criminelle. Le Stathouder fut le plus fort, mais son droit n'en devint pas meilleur. Tant qu'il a pu comprimer les mécontens, il a joui de son usurpation; mais dès que par notre présence il a cessé d'être le plus fort, tout l'échafaudage de ses pouvoirs est tombé et a entraîné sa ruine et celle de sa famille. Depuis la naissance de la République jusqu'en 1747, le peuple Batave regardoit ses Stathouders comme des pères. Depuis cette époque il les a regardés comme ses Rois; mais depuis 1787 il n'a vu dans son dernier Chef qu'un tyran. Voilà ce qui a précipité sa ruine et ce qui doit

servir

servir de leçon à tous les Chefs qui entreprendront de violer la Constitution des Peuples.

La ruine de cette famille Stathoudérienne n'est rien, si la Nation Hollandaise est assez sage et assez énergique pour éviter la sienne. Pour cela il faut que le Peuple Batave imite ses ancêtres; qu'il devienne soldat; car un Peuple qui confie la défense de sa liberté à des troupes mercenaires ou auxiliaires, n'est pas loin de l'asservissement. Ce Peuple ne devoit pas souffrir que son Chef s'alliât avec des Puissances belliqueuses. Si dans sa nouvelle Constitution il en admet un, qu'il prenne garde de le restreindre à ne s'allier qu'avec une Hollandaise, et qu'il étende cette mesure à tous ses successeurs. Mais cette Nation a toujours eu une sage politique. Pourvu que les Clubs ne s'introduisent pas chez elle pour l'entraver, je suis sûr qu'elle fera une bonne Constitution. En attendant revenons à mon sujet.

Dans les derniers jours de Frimaire, la Meuse se gela et la glace fut assez forte dans beaucoup d'endroits pour qu'on pût la passer. Le froid fut encore plus vif dans le commencement de Nivôse et le Vahal devint solide. L'occasion étoit trop belle pour que Pichegru ne s'empressât pas de la saisir. Les ordres pour le passage ne tardèrent donc pas à se donner.

K

Le 7 Nivôse (28 Décembre v. st.) la brigade du Général Daëndels et celle du Général Osten furent commandées pour passer la Meuse sur la glace et pour marcher sur l'Isle de Bommel. Un froid extraordinairement vif engourdissoit toute la Nature ; il n'y avoit que les soldats français qui conservassent leur activité. Les Hollandais frappés de terreur par une attaque qu'ils étoient loin de prévoir, opposèrent peu de résistance. La garnison du fort St-André, tout aussi étonnée de l'audace de nos troupes, ne tarda pas à se rendre. Ainsi la prise de Bommel et du fort St.-André, qui dans des tems ordinaires, auroient coûté infiniment cher, n'éprouvèrent presque pas de difficultés, dans un moment où le thermomètre descendoit jusqu'à dix-sept degrés au dessous de la glace. Il sembloit que le froid eût engourdi toutes les troupes ennemies, et qu'il n'eût laissé d'activité qu'aux Français.

On fit dans cette journée 1600 prisonniers, et l'on prit une très-grande quantité de canons et d'autres bouches à feu.

Les divisions des Généraux Bonnaud et le Maire qui étoient cantonnées tout autour de Bre la ne perdirent pas l'occasion que leur offroit la circonstance des glaces. Ils attaquèrent vigoureusement les lignes de Breda, Oudebosch et Sevenbergen , et s'en emparèrent. Cette manœuvre les mit à leur aise et renforça leur position autour de Breda.

La ville de Grave, ce chef d'œuvre de fortification, manquant de provisions et de munitions, fut forcée de capituler le 8 Nivôse (28 Décembre v. st.). Sa garnison fut faite prisonnière de guerre.

Si l'on doit estimer les hommes d'honneur et de courage dans quelque parti qu'ils se trouvent, nous devons notre estime au Commandant de Grave. Cette Place avoit été tenue bloquée sur la rive gauche de la Meuse depuis le commencement du siege de Bois-le-Duc. Son investissement avoit été complété le 6 Brumaire (28 Octobre v. st.). Ce militaire avoit vu prendre Nimègue sous ses yeux , avoit vu chasser toutes les Armées qui pouvoient le secourir au-delà du Rhin. Maëstricht, Venloo et toutes les Places des rives gauches du Rhin et de la Meuse étoient en notre pouvoir depuis plus de deux mois. On lui avoit fait plusieurs sommations , on avoit bombardé la Place , malgré cela il demeure deux mois entiers isolé au milieu de nos bataillons et ne se rend que lorsqu'il n'a ni munitions ni provisions. Si le Stathouder avoit eu dans toutes ses Places des hommes aussi fermes que lui, nos conquêtes n'auroient peut-être pas été aussi rapides.

La division commandée par le brave Salm (9), qui servit à l'investissement de Grave, ne fut pas plutôt disponible, qu'elle partit pour se rendre à l'Isle de Bommel. Ce mouvement eut lieu le 10 (31 Octobre v. st.)

L'ennemi avoit encore la petite place de Heusden sur la rive gauche de la Meuse, elle fut bloquée par suite du passage dans l'Isle de Bommel et ne tarda pas à se rendre.

Peu de jours après la conquête de l'Isle de Bommel et du fort Saint André, le froid devenant toujours plus rigoureux rendit la glace assez forte pour qu'on pût passer le Vahal au-dessus de Nimègue. C'étoit un spectacle bien singulier de voir nos bataillons, nos escadrons et notre artillerie manœuvrer sur l'écorce de glace qui couvroit ce grand fleuve, tout comme sur la terre ferme. La postérité aura peine à croire ce prodige, et ceux qui connoissent l'embarras des charrois qui doivent suivre une grande Armée, ne pourront pas se garantir du doute. Le fait est pourtant exact, l'Armée et tous ses équipages ont passé ce bras de Rhin sans ponts ni batteaux.

Avant tout on eut la précaution d'envoyer de fortes reconnoissances sur la rive droite du Vahal. On y établit des postes pour protéger le passage qui s'effectua très-facilement.

Les Armées ennemies s'étoient retirées der-rière la Linge. Le Prince d'Orange avoit établi son quartier général à Gorcum, et son Armée étoit auprès de cette ville. La droite de celle des Anglais s'appuyoit à Culembourg et la gauche au canal de Panerden.

Le corps de 25,000 Autrichiens commandé par le général Alvinzi et qui étoit à la solde de l'Angleterre, formoit une ligne depuis Arnhem jusqu'à Vesel. Toutes ces forces étoient capables de nous résister au printems et de nous empêcher de pénétrer dans la Hollande. Elles étoient, comme on voit, très-centralisées; mais la torpeur ou le froid les avoit réduites, ou cette terreur qui les faisoit frisonner dès qu'ils voyoient un Français, ne leur permirent pas de rompre beaucoup de lances avec nous.

Le Duc d'Yorck, qui depuis son entreprise sur Dunkerque n'avoit cessé d'être battu, fut dégouté par tant de défaites. Prévoyant qu'il ne seroit pas plus heureux là que dans la Flandre, il ne voulut pas être témoin de nos triomphes. Il s'embarqua donc pour l'Angleterre, emportant sans doute avec lui beaucoup de regrets de n'avoir pas pu rayer la France du tableau politique de l'Europe.

Ce Prince, dit-on, a rendu sans le vouloir

plus de services à la France qu'aux Puissances coalisées. On assûre que sans lui la campagne que nos ennemis firent en 1793 auroit été plus brillante encore qu'elle ne fut, et que leurs conquêtes se seroient poussées bien plus avant en France. Voici comme on le prouve.

Personne n'ignore que lorsque l'ennemi s'empara de notre première ligne de fortification dans le Hainaut, il s'en falloit de beaucoup que nous fussions en mesure pour lui résister. La Nation Française n'étoit pas encore aguerie et n'avoit pas reçu la grande impulsion révolutionnaire. On sait encore que nos trois premières forteresses furent prises au nom de l'Empereur, ce qui excita, sinon la jalousie, au moins l'ambition du Prince Anglais. Il crut que dans la position où se trouvoit alors la France, il n'y avoit qu'à se baisser et prendre. Comme la Flandre et sur-tout le Port de Dunkerque ont toujours allumé la cupidité de l'Angleterre, il se sépara de l'Armée Autrichienne pour aller faire cette conquête au nom de son père. Dunkerque n'est point une place forte; ses fortifications ne sont qu'en terre; et cette Ville qui ne peut tout au plus passer que pour un camp retranché, ne devoit pas lui résister; mais il y trouva des hommes fermes, dont le courage suppléa aux remparts et à toutes les fortifications qui manquoient à cette Place. On connoît l'issue de cette entreprise.

Il y a beaucoup de bons politiques qui attribuent nos succès et les revers de l'ennemi à cette fausse démarche du Duc d'Yorck. Ils ne font aucune difficulté d'affirmer que si les forces combinées se fussent tenues réunies sur le même point, elles auroient agi plus efficacement, et leurs premières conquêtes pouvoient se pousser beaucoup plus loin. Mais ces Puissances avoient le projet de se partager la France. Chacune vouloit s'emparer de ce qui lui convenoit le mieux ; voilà ce qui les a perdues et ce qui a fait avorter tout leur plan.

Il faudroit être trop dupe pour s'imaginer que les Emigrés et les Bourbons entroient pour quelque chose dans les vues des Puissances coalisées. Elles seroient parvenues à leurs fins que ni les uns ni les autres n'en auroient été guères plus avancés. On auroit peut-être fait un petit royaume dans le centre de la France pour donner une retraite au fils de Louis XVI. Après sa mort on auroit donné des emplois subalternes aux Princes et aux Emigrés français par-tout ailleurs qu'en France ; en un mot nous ne serions plus Français. Voilà tout le résultat que nous promettoit ce vaste plan digne du fameux Secrétaire de Florence. On peut donc dire que

c'est l'ambition des Puissances coalisées et sur
tout leur dissidence qui nous a sauvés de cet
injuste partage. Le Duc d'Yorck est le premier
qui , par jalousie ou ambition , se soit éloigné
du centre. Sans être tenus à la reconnoissance,
nous lui avons donc l'obligation de s'être isolé
de ses alliés , de s'être fait battre séparément
et d'avoir ouvert une vaste carrière à nos succès. Princes ambitieux ! vous avez manqué
votre coup ; nous pouvons en rire maintenant;
car la Seine ira se perdre dans le Tage avant
que vous puissiez en renconter un pareil.

Le 19 Nivôse (9 Janvier 1795), peu de jours
après le passage du Vahal par une partie de
nos troupes , la brigade du Général Devinther (10) , division de Souham , commandée
alors par Macdonal , s'empara de Thiel , et
poussa ses reconnoissances jusqu'à la Linge.
Le Général Salm envoya des postes sur cette
rivière à Geldemarden et Meterra.

Le passage du Vahal au-dessus de Nimègue , présentoit beaucoup plus d'obstacles
qu'on n'en avoit trouvé au-dessous. D'abord,
parce que cette rivière n'étoit pas solidement
gelée par-tout, et enfin parce que l'ennemi
y avoit plus de forces qu'ailleurs ; outre cela
le corps commandé par Alvinzi pouvoit nous
prendre en flanc , et y mettre de grandes en-

traves. Malgré toutes ces difficultés , il s'effectua le 21 Nivôse (11 Janvier v. st). Les brigades des Généraux Vandamme et Compère,
division de Moreau , passèrent à Millinguen ,
et , pour couvrir la droite , prirent position
sur le canal de Pannerden. L'intrépide Jardon
passa à Kokerdun-sur-Gente , et le sage Reunier à Oie-sur-Bommel.

Le succès qu'obtinrent ces quatre brigades ,
donnèrent au Général Macdonal la facilité
de passer le fleuve à Nimègue , dans de petits
batteaux , avec plusieurs compagnies de grenadiers. Il s'empara du fort de Knossem-
bourg , que l'ennemi venoit d'évacuer , et y
prit une position provisoire.

Les Anglais opposèrent une foible résistance à toutes nos attaques. La ruse et l'intrigue , dont ils savent si bien se servir dans
les affaires , étoient là inutiles ; ainsi , ils n'o-
sèrent se mesurer avec nos troupes , et ne tardèrent pas à se retirer.

Les Autrichiens furent plus fermes , et combattirent plus long-tems ; ils revinrent même
à la charge plusieurs fois , après avoir été
battus. Sans la défection des Anglais , ils nous
auroient peut - être donné de la tablature ;
mais enfin ils dûrent céder à la bravoure
française. Ils furent repoussés , et forcés de

se retirer. Nous fîmes un grand nombre de prisonniers , et nous trouvâmes beaucoup d'artillerie dans les batteries qu'ils avoient sur les digues du Vahal. Après ce premier succès, rien ne pouvoit empêcher l'envahissement de toutes les Provinces Unies.

CHAPITRE VI.

Observations géographiques et politiques sur la Hollande.

LES Provinces-Unies sont, sans contredit, le pays le plus plat et le plus bas de l'Europe. C'est uniquement ce que les Flamands appellent *un polder*, qui signifie terre volée à l'eau.

La partie orientale est si peu élevée au-dessus du niveau de la mer, que l'œil distingue à peine de quel côté coulent les rivières. Presque toutes n'ont que des lits factices, et l'expansion de leurs eaux n'est empêchée que par des digues assez élevées et très-solides.

La partie occidentale de cet état, sur-tout la Westfrise et le comté de Hollande, est encore plus basse, car sans des digues parfaitement bien cimentées, qu'on y entretient avec soin et à grands frais, ces deux contrées seroient bientôt englouties sous les eaux de la mer.

Les Hollandais avoient déplu à un Empereur de Turquie. Dans un mouvement d'impatience, ce Prince dit : « Si ces Marchands me font

» mettre en colere, j'enverrai chez eux un corps
» de Pionniers , pour jetter toutes leurs terres
» dans la mer. » Il n'existe pas ailleurs d'Etat
à qui l'on pût faire une pareille menace.
Mais tout le monde connoît la position de
la Hollande , et personne n'ignore que ses
inondations arrêtèrent les conquêtes de Louis
XIV , et qu'elles faillirent à noyer toute son
Armée ; aussi, je n'étendrai pas d'avantage
ces observations géographiques. En disant que
c'est un Etat qui ne se soutient que par artifice , on a dit tout ce qu'il faut.

L'air des Provinces-Unies est assez tempé-
ré, mais il est humide , grossier et mal sain.
Les eaux n'y sont ni pures, ni saines. En général , c'est un terrein plus propre à nourrir
des grenouilles que des hommes. Le sol de
Hollande est de la plus mauvaise qualité ; il
n'y a que la province d'Utrecht et celle de
Gueldre , qui récoltent assez de bled pour
nourrir leurs sobres habitans. Les autres Provinces n'ont presque que des pâturages. On
y fait beaucoup de beurre et de fromage , dont
les Hollandais font leur principale nourriture;
et voilà en quoi consiste toutes les productions de leur sol. On sait qu'il n'y a guères
plus de deux cents ans , que les Bataves offrirent la souveraineté de leur pays à la France

et à l'Angleterre, et que l'une et l'autre Puissance la refusèrent.

Il faut qu'il se soit fait un grand changement dans cet Etat depuis cette époque ! Ce pays aquatique est aujourd'hui couronné par une quantité de grandes, belles et magnifiques villes. Il est tout aussi bien peuplé que la France, relativement à son étendue. Avant son invasion, il possédoit autant de richesses de convention, de marchandises et de provisions, que les Etats les plus florissans de l'Europe. Il devoit donc cette immense population, et ces richesses étonnantes, à d'autres causes qu'aux productions de son sol, ou il les devoit à la sagesse de sa constitution primitive, à son commerce, à ses manufactures, et à ses compagnies des Indes Orientales et Occidentales. Détruisez tous ces léviers de propagation en Hollande, elle sera bientôt déserte. Il faut peu de tems et peu de chose, pour abattre un Etat qui ne se soutient que par artifice ; mais il faut des siècles et de grandes forces pour le relever. Ainsi, si la Convention batave n'est pas plus sage que ce que nous appellions la Montagne, ç'en est fait de la Hollande, elle est perdue pour jamais.

Sans les efforts extraordinaires que l'Angleterre a fait pour l'emporter sur la Hollande,

cette République seroit parvenue à faire tout
le commerce du monde. Quoique voisine de
cette Nation , qui n'a jamais eu d'autre politique que celle qui tendoit à augmenter ses
relations commerciales, d'autre conduite que
celle qui tendoit à écraser le commerce des
autres Nations , et dont toutes les guerres
n'ont eu et n'ont pu avoir de but, que celui
du négoce , la Hollande avoit pourtant conservé un commerce qui rivalisoit celui de
l'Angleterre , et elle pouvoit passer pour la
seconde Puissance commerçante de l'Europe.

Cet Etat qui, comme j'ai déjà dit, ne produit
que du beurre et du fromage, mettoit, par son
commerce , tous les pays du monde à contribution. Il manquoit de bois , et les mers
étoient couvertes de ses vaisseaux. Il vendoit
outre cela une quantité prodigieuse de bois
de charpente au Portugal et à l'Espagne. Il
manquoit absolument de bled , et il en reven-
doit beaucoup. Il n'a pas un sep de vigne ,
et son commerce en vins et eaux-de-vie étoit
prodigieux. Ce pays étant si bas ne peut avoir
aucune mine ; cependant l'or, l'argent, et
tous les autres métaux y abondoient plus qu'ailleurs ; enfin , pour donner une idée de toutes
les marchandises que les Hollandais impor-
toient et exportoient continuellement , il fau-

droit faire le catalogue de tous les objets qui peuvent entrer dans le commerce.

On a dit de la Hollande que la Norvège étoit sa forêt ; que les bords du Rhin, de la Garonne, de la Dordogne et du Lot étoient ses vignobles ; que la Silésie, la Pologne, la Saxe, l'Espagne et l'Irlande étoit ses bergeries ; la Poméranie, la Prusse et la Pologne ses greniers ; l'Inde et l'Arabie ses jardins. Cette idée est on ne peut pas plus juste.

Les Hollandais commerçoient directement et toujours d'une manière lucrative avec tous les peuples de notre continent. Les frais de transport étoient un de leurs grands profits, c'est ce qui les avoit fait appeler les porte-faix de l'Europe. Ils gagnoient encore davantage par la main-d'œuvre. Tout le monde sait qu'ils tiroient de l'étranger beaucoup de matières premières, et qu'ils ne les leur rapportoient que lorsqu'ils les avoient fait ouvrer dans leurs manufactures et leurs fabriques. Mais le commerce exclusif des épiceries, qu'ils fesoient dans toute l'Europe, même en Angleterre, et la pêche des harengs, sont les deux objets qui avoient élevé cette République à son plus haut dégré de fortune et de prospérité.

Cette République devoit les progrès étonnans de son commerce à une bonne mesure qui n'a jamais été pratiquée en France. Le Conseil d'Etat de ce pays admettoit toujours dans son sein et consultoit très-soigneusement les négocians instruits, qui avoient voyagé, et qui joignoient à une excellente théorie du commerce, une pratique indispensable pour la connoissance des détails. Il y avoit en outre des encouragemens pour ceux qui introduisoient de nouvelles manufactures, ou qui découvroient chez l'Etranger de nouvelles branches de commerce. Tout étoit parfaitement bien organisé pour étendre les relations commerciales de cette Nation, et rien n'avoit été négligé pour produire cet effet.

Il est, sans doute, affligeant qu'il faille donner ou laisser prendre des priviléges exclusifs à des villes, à des compagnies de négocians pour élever le commerce d'un Etat à son plus haut dégré. Il est pourtant démontré par une expérience constante que cette condescendance des Gouvernemens est nécessaire pour réunir et faire agir simultanément tous les négocians d'un Etat. Les Economistes français ne seront pas de mon avis, car presque tous veulent une latitude indéfinie de liberté dans le commerce. Eh bien ! en mettant ces principes en pratique, on ne doit espérer qu'un commerce très-isolé

et très-borné. C'est eu prenant le contre-pied
de ce systéme que les Hollandais étoient par-
venns à franchir les bornes que leur position
fesoit regarder comme insurmontable. L'Eco-
nomiste peut porter ses regards sur les avantages de chaque individu : l'Homme d'Etat ne
voit que les intérêts en masse.

La Hollande avoit peut être porté un peu
trop loin l'exclusion ; car indépendamment
des compagnies, les différentes villes de cette
République s'étoient partagées le commerce
général de la Nation. Tout étoit réglé de
manière que chaque Place avoit son lot de
commerce bon ou mauvais, sans que les autres
eussent envie de l'entraver.

Amsterdam servoit d'entrepôt pour toutes
les marchandises qui arrivoient des Indes
Orientales et Occidentales, du Levant, de
l'Espagne, du Portugal et de la Baltique.

Roterdam, Enkuissen, Schiendan. Maas-
landuis, Galingue, etc. avoient la pêche du
hareng et du cabillau, qu'on appelle grande
pêche.

Amsterdam, Roterdam, Enkuissen, etc,
s'étoient appropriées celle du Groënland,
qu'on appelle petite pêche.

Dordt et Roterdam avoient le commerce
des vins du Rhin, et Saardam la bâtisse des

L

vaisseaux. Tout étoit organisé de maniére qu'aucune branche de commerce n'étoit isolée, et que cette méthode les avoit toutes portées à leur plus grande perfection. Ajoutez à cela que leurs Compagnies de commerce étoient les plus florissantes de l'Europe. On ne doit donc plus être étonné de ce que cette Nation, condamnée par la nature de son sol à vivre de privations, soit devenue si populeuse et parvenue à un si haut dégré de prospérité et de richesse. Mais le génie mercantille des Hollandais a beaucoup contribué à renverser leur constitution primitive. Ce Peuple entièrement adonné au commerce, a négligé de remplir lui-même les fonctions administratives et militaires. Il a laissé ces fonctions croupir dans les mêmes mains et devenir héréditaires à certaines familles. L'ambition du Stathouder a trouvé un aliment dans cette négligence. Il lui a été facile de s'attacher et de corrompre la Magistrature hollandaise.

Voilà ce qui a changé la République en un Gouvernement purement royal.

Si le Gouvernement hollandais avoit été républicain, comme ci-devant, il se seroit séquestré dans une parfaite neutralité. Eût-il fallu acheter son repos? il l'eût payé à tout prix, et par son commerce il auroit retiré des Puissances belligérantes, ce que l'injustice de celles ci lui auroit eu ravi par la violence. Il n'avoit que ce moyen d'éviter le grand orage qui a ravagé son territoire, et qui malheureusement n'est pas entièrement dissipé. Le voilà, tout comme nous, enfourné dans une révolution. Son Roi est beau frère d'un Monarque puissant. Ce Peuple n'a pour lui résister que des troupes merc'naires. S'il veut reconquérir ses anciens droits, il faut qu'il imite ses ancêtres; c'est-à-dire, qu'il devienne soldat; sans cela ses ressources seront bientôt épuisées, et il ne tardera pas à reprendre son ancien joug, ou à ployer sa tête sous un autre.

Peuple Batave! pour éviter ta destruction et renaître de tes cendres, tu as besoin d'une grande sagesse, et ce n'est pas dans les clubs qu'elle se rencontre. Ne permets donc pas que, sous aucun prétexte, les Sociétés populaires s'établissent chez toi. Dans le commencement tu as voulu nous imiter; si nos Généraux n'avoient pas été les ennemis déclarés de cette horde qui met le comble à la déraison, c'en étoit fait; ton territoire alloit être ensanglanté, et il seroit maintenant couvert de ruines et de cadavres. Considère les maux que les Clubs ont opéré en France. Que les ravages que nous avons éprouvés soient pour toi une leçon éternelle. Nous sommes forts et puissans, nous pouvons nous relever seuls. Tu ne peux nous imiter sans risquer de te perdre pour toujours. Une hirondelle peut emporter une toile d'araignée, une mouche qui tenteroit de l'imiter, s'embarrasseroit dansle filet et ne manqueroit pas d'y périr. Dépêche-toi donc de rédiger ton Code de loix constitutionnelles, et sois moins changeant que nous. Tu ne peux exister sans commerce ; que ta Constitution prévoie tout ce qui peut lui être favorable et évite tout ce qui lui est contraire. Tu dois avoir tous les grands capitalistes hors de ton territoire. La frayeur les a fait fuir ; mais ils n'ont pas comme certains de nos Emigrés pris les armes contre leur Patrie. Rappelle-les dans ton sein comme étant les meilleurs ressorts de ta prospérité. Nous n'avons plus de commerce parce que la Montagne a fait assassiner nos meilleurs négocians, et nous a tué la poule aux œufs d'or. Ne nous imite pas en cela. Il n'y a que les grands capitalistes qui puissent remonter ton commerce et te faire exister ; hâte toi de les faire rentrer.

L'émigration qui eut lieu en France à l'occasion de la révocation de l'Edit de Nantes, tomba sur des hommes utiles ; sur des Artistes qui emportèrent des arts que nous n'avons pas encore recouvrés. La dernière est tombée sur des consommateurs dont, politiquement parlant, nous pouvons nous passer. Mais toi, tu n'a pas un seul de tes grands capitalistes auquel une partie de ta prospérité ne soit attachée. Ces négocians instruits qui dirigeoient, ou la banque, ou tes compagnies de commerce, sont des êtres précieux dont tu ne peux te passer. Réfléchis bien sur ta position, elle est critique, mais elle n'est pas irrémédiable.

CHAPITRE VII.

Dégel inquiétant, qui ne fut pas de durée; députation de la Province d'Utrecht; évacuation de cette Province par les Anglais; départ du Prince d'Orange; entrée des Français à Utrecht, à Arnhein, etc; capitulation de Gertruidemberg; capitulation de la Province de Hollande; entrée des Français à Amsterdam.

LE 22 et 23 Nivôse (12 et 13 Janvier 1795) il se manisfesta un dégel, qui donna les plus grandes inquiétudes sur les suites funestes qu'il pouvoit avoir. La communication alloit être interrompue entre les troupes qui avoient passé et celles qui étoient restées en deça du Vahal. Heureusement le 24 la glace reprit sa solidité et le reste de nos troupes marcha sur la glace sans accident, et vint prendre position sur la Linge.

Le passage effectué, nous ne pouvions pas tarder à devenir les maîtres de toute cette grande Isle que forment le Vahal et le Lek,

avant d'aller confondre leurs eaux dans celles
de la Meuse. Nous entrâmes donc ce jour là,
à Buren et à Culembourg. Le lendemain l'armée se posta derrière le Rhin et le Lek.

Gorcum, cette fameuse forteresse, que la
bonté de ses ouvrages et la facilité qu'elle a
de se fortifier par les innondations, fait appeller la porte de la Hollande, étoit encore
au pouvoir de l'ennemi. Le Quartier - général
du Prince d'Orange y étoit toujours. Dans des
tems ordinaires cette Place auroit pu faire
une bonne résistance ; mais la circonstance
des glaces rendoit toutes les villes abordables.
Ce Prince vit donc qu'il n'étoit plus possible
de nous résister ; qu'il ne pouvoit pas manquer
de devenir notre prisonnier, s'il tardoit à en
sortir. Il prit donc le parti d'abandonner ses
Etats. Il alla faire ses adieux à la Haye et
s'embarqua à Schevelingues pour l'Angleterre.
Il agit très-prudemment ; car dans ce tems là,
les redoutes du Tartare n'étoient pas capables
d'arrêter l'impétuosité de nos troupes, si les
fleuves des enfers avoient été gelés.

Il faut qu'un Prince soit dans une position
désespérée pour qu'il se détermine à abandonner l'Etat qu'il gouverne. Il est pourtant
vrai que le Stathouder s'est trouvé dans l'absolue nécessité de le faire, et qu'il n'a pas pu

agir autrement. Quelle leçon pour les hommes que la fortune élève sur ses piédéstaux ! quelle leçon sur tout, pour ceux qui ont la témérité de vouloir gouverner les autres ! ils ne peuvent réussir q e par une influence morale sans bornes, la force est insuffisante. Ils doivent donc employer tous les moyens que suggère une haute sagesse, pour diriger et conserver cette influence. Les bases d'une exacte justice sont les seules qui puissent la soutenir et la pré erver e sa ruine. Les tyrans peuvent bien se faire un parti et devenir même redoutables pour quelque tems. Il se trouve par-tout des hommes vils qui, pour de l'argent ou des places, abandonn nt les intérêts de leur Patrie et se vendent au Tyran. Mais ce dernier n'a jamais assez d'argent, ni assez de places pour gratifier le grand nombre. Alors le mécontentement s'empare des esprits et ne manque pas de se manifester lorsque l'occasion s'en présente : voila ce qui est arrivé en Hollande.

Le Stathouder avoit méconnu le traité solemnel que ses Ancêtres avoient conclu avec le Peuple Batave. Pour usurper une plus grande masse de pouvoir, il avoit violé une Constitution qui devoit être sacrée pour lui. S'il l'eût respectée, l'amour des Hollandais lui eût

dressé des autels. Il a donné cours à son ambition, on lui a résisté. Il a été le plus fort,
mais ses prétentions n'en sont pas devenues
plus justes. Il a cru devoir proscrire les mécontens, ceux-ci se sont réfugiés en France.
La circonstance les a servis; ils lui ont fait
la guerre. Il a été vaincu; il a donc fallu qu'il
abandonnât ses Etats pour n'y rentrer peut-
être jamais. Voilà ce qui est arrivé et ce qui
arrivera à tous les Gouvernans qui, n'écoutant
que leur caprice, auront la témérité de
fronder les loix constitutionnelles des Peuples
qu'ils gouvernent. O vous qui buvez dans la
coupe du pouvoir et qui ne manquez jamais de
vous y enivrer! vous à qui il faudroit la sagesse de Dieu, et qui n'avez que les passions
de l'homme! jettez un œil attentif sur cet événement, gravez-le profondément dans votre
mémoire; qu'il serve à vous garantir des passions et à vous tenir dans les voies d'une
sévère et exacte justice. La perte d'un ou de
plusieurs hommes est peu de chose; mais la
perte d'un Gouvernement, quel qu'il soit, est
le plus grand malheur qui puisse arriver à une
société. Tout homme qui ne s'attache pas à
son Gouvernement, à moins qu'il ne soit aussi
tyrannique que celui de nos Décemvirs, est
un mauvais Citoyen.

Nous devons nous représenter une révolution comme un globe immense par son étendue et sa pésanteur , tantôt roulant sur un terrein uni , tantôt raboteux, écrasant tout ce qui se présente devant lui, n'épargnant que ce qui fuit à côté, ou ce qui se cache dans les creux du terrein inégal. Dans son mouvement de rotation, il doit briser les uns , froisser ou comprimer plus ou moins les autres; mais effrayer tout le monde.

Dans son mouvement rapide et progressif , la nôtre a écrasé deux millions d'hommes et ravagé cent mille fortunes. Un mouvement rétrograde ou contre-révolution seroit encore plus funeste, en immolaut plus de victimes et ruinant plus de fortunes. Or, pour réparer les ravages faits, il n'en faut pas faire de plus grands. Tout individu qui n'est pas dans ces principes est un mauvais citoyen.

Tous les bons Français n'aimoient pas le Roi, parce que tous ne le connoissoient pas, et qu'on n'aime pas les hommes sans les connoître. Je ne puis, par la même raison, aimer les Gouvernans d'aujourd hui; mais j'aime ma Patrie , et par la même raison je dois aimer le Gouvernement qu'elle a. Ainsi les Royalistes et les Anarchistes qui conspirent contre le Gouvernement actuel , n'aiment pas leur

Pays. Il est permis à tout homme d'avoir du goût pour tel on tel Gouvernement; mais il n'est permis à personne de conspirer contre celui qui est en vigueur, à moins qu'il ne soit tyrannique comme celui de Robespierre. Or, celui-ci n'assassine pas.

Dans le même-tems que nos troupes passoient le Vahal, la division du Général Bonneau quitta les environs de Breda pour s'approcher de Gertruidemberg. Elle s'empara même de vive force de quelques forts dépendans de cette Place.

Les Anglais ne voyant plus de jour à défendre la Hollande, ni à s'y maintenir, prirent le parti de l'évacuer. Leur droite commença, le 26 Nivôse (16 Janvier), à abandonner la province d'Utrecht. Aussitôt après leur retraite, nos troupes s'emparèrent de Durstède et de Thenen, les poursuivirent jusqu'à Vageningen où elles entrèrent le 27 (19 Janvier).

Le 25 Nivôse (15 Janvier), des Députés de la Province d'Utrecht s'étoient rendus chez le Général Salm, et avoient proposé une capitulation pour cette Province. Ce Général s'empara de la capitale de cette Province le 28, et le Général Vandame entra à Arnheim le même jour.

Utrecht est une assez belle ville, grande et

très-peuplée. Sa position est un peu moins désagréable que celle des autres villes de la Hollande, et l'air qu'on y respire y est moins chargé de miasmes morbifiques. C'est à Utrecht que se cimenta l'union des sept Provinces, en 1579. C'est encore là que se tint le fameux Congrès, en 1712 et 1713, qui termina la guerre de la succession, et rendit la paix à l'Europe. L'armée de Louis XIV y entra en 1672. Celles de la République s'en sont emparées le 18 Janvier 1795. Le Lek fut une barrière insurmontable pour le Monarque conquérant. Dans un tems où la France étoit sans Chef, sans Gouvernement et sans Finances, ses troupes ont franchi le Lek, l'Yssel et ont poussé leurs conquêtes jusqu'à l'Ems. Voilà ce qui étonnera la postérité et ce qui ne peut pas manquer d'immortaliser la bravoure des Français.

Le 29 (19 Janvier), la brigade du Général Devinther s'empara d'Amersfort. Cette Place qui est assez bien fortifiée, est située dans la plaine la plus supportable de toute la Hollande. Son territoire est même assez fertile en grains et en pâturages, et peut passer pour le plus agréable des Provinces-Unies. Le même jour Macdonal prit position derrière les lignes du Grèbe, sa droite appuyée sur Rhenen et sa gauche au Zuiderzée.

(173)

Le 30 (20 Janvier), la garnison de Gertruidemberg capitula avec le Général Bonneau. Elle obtint les honneurs de la guerre, et fut prisonnière sur parole.

Le même jour, des Députés de la province de Hollande se présentèrent chez Pichegru, à Utrecht, et capitulèrent pour cette province. Le Général en chef, sans perdre un instant, se rendit à Amsterdam, et y entra dans la journée du 20 Janvier.

Amsterdam est la ville la plus belle, la plus grande et la plus commerçante des Provinces-Unies. C'est un des boulevards du commerce du monde. Si elle n'est pas le premier entrepôt du négoce de l'Europe, elle peut bien passer pour le second. Malgré cet avantage, Amsterdam est le séjour de la tristesse. L'air qu'on y respire est épais et chargé de vapeurs morbifiques. La fièvre et le scorbut affligent la majeure partie des Amsterdamois. Un Napolitain qui étoit à Londres, écrivoit à un de ses amis : « Quand vous verrez le soleil, » saluez-le de ma part, car il y a six mois » que je ne l'ai vu ». Ceux qui feront leur séjour à Amsterdam doivent s'attendre au même inconvénient. Jamais les rayons de cet astre ne pénètrent jusqu'aux habitans de cette ville. Ils ne l'entrevoyent qu'à travers un brouillard épais qui forme entr'eux et lui un voile impénétrable, qui sera éternel. C'est ce qui donne aux Citoyens d'Amsterdam une foule de maladies chroniques, et ce qui leur imprime ce caractère de tristesse qui se re- marque plutôt là qu'ailleurs.

Les Hollandais dirigent toutes leurs facultés intellectuelles du côté du commerce; c'est, sans doute, ce qui leur donne cet air triste et froid qui les fait passer pour réfléchis. On voit rarement sourire un Batave; mais un Amster- damois ne rit jamais. Si on lui en demande la cause, il vous dit que la gaieté est incompa- tible avec les mœurs du commerce. Boire son thé, fumer sa pipe, vivre très-économique- ment avec sa femme, ses enfans et ses commis, sont les seuls plaisirs qu'un riche négociant puisse se permettre, s'il ne veut pas passer parmi ses Concitoyens pour un prodigue et un dissipateur. Il est donc toute sa vie triste, morose et sur-tout économe jusqu'à la parci- monie. Si vous parlez à un Amsterdamois d'autre chose que de son commerce, vous n'en arrachez que des ouï, ou des non. En un mot, il est de glace pour tous les plaisirs, mais rempli de feu lorsqu'il entrevoit le moindre profit. Nos négocians français étoient loyaux, généreux, quelquefois magnifiques.

Les Hollandais, mais sur-tout les Amsterdamois sont l'opposé de tout cela. On fesoit avec
un négociant français une affaire qui ne lui
étoit pas avantageuse, il s'en plaignoit une fois
et n'en parloit jamais deux. Un Amsterdamois
importune continuellement par ses lamenta-
tions, et ne cesse de se plaindre que quand on
lui a accordé une indemnité. Si les mœurs des
Hollandais sont les seules compatibles avec
le grand commerce, Dieu préserve les Français de devenir jamais grands négocians! L'expérience nous a prouvé que la tristesse et la
morosité n'étoient pas absolument essentielles
dans le commerce, car nous avons eu dans
nos Places maritimes des négocians fort aima-
bles qui entendoient parfaitement le négoce ;
mais nos systémes anti-politiques les ont ruinés
ou tués. Je pense donc qu'on doit attribuer
le caractère triste des Hollandais, plus à leur
climat qu'à leur habitudes commerciales.

Il est singulier que le Peuple qui tient le
second rang parmi tous ceux qui font le commerce maritime, n'ait pas un seul hâvre commode. Le port d'Amsterdam, qui est le plus
fréquenté, est très-vaste, puisqu'il peut con-
tenir plus de mille bâtimens ; mais les gros
vaisseaux ne peuvent y aborder qu'à la faveur
de la haute marée, encore faut-il se servir

d'une machine qu'on appelle *Chameau*, pour les soulever et les empêcher de prendre trop d'eau. Presque tout les ports de la Hollande sont dans le même cas.

Ce Peuple a donc continuellement trouvé des obstacles à l'aggrandissement de son commerce ; mais il est si âpre au gain , qu'il les a tous levés et l'a porté à un si haut degré de perfection, qu'à Amsterdam , où il n'y a, ni mines , ni grains, l'intérêt de l'argent n'y étoit qu'à trois pour cent , au lieu qu'en Espagne, il y étoit à six , malgré les mines du Pérou.

Ce qui a beaucoup contribué à étendre le commerce d'Amsterdam et celui de toutes les Provinces Unies , ce sont les compagnies des deux Indes et la Banque. Quoique ces établissemens sortent de mon sujet, certains Lecteurs ne seront pas fâchés de trouver ici quelques détails sur les deux grands léviers de la prospérité Hollandaise. La Constitution française donne l'exclusion à tous les établissemens de ce genre, c'est sans doute un malheur; mais cet Etat est puissant et riche par lui-même. Il peut s'en passer peut-être. Il n'en est pas ainsi de la Hollande; si elle détruit ses Compagnies de commerce, elle est perdue sans ressource.

Les économistes ont beau dire que les Compagnies ressèrent le commerce, que des particuliers

ticuliers associés par un privilège exclusif, rapportent tous les profits à leur intérêt propre, qui n'est pas toujours celui de la société. Ces raisons sont excellentes pour un commerce qui seroit à la portée de tout le monde. Mais il s'agit ici d'un commerce extraordinairement coûteux et très périlleux, qu'un, ni plusieurs particuliers ne peuvent entreprendre. Il faut donc, ou renoncer à faire ce commerce, ou accorder des privilèges à des compagnies pour les engager à le faire, ou que le Gouvernement le fasse lui-même ; ce qui est une folie. Quand nous avions des compagnies de négocians, elles envoyoient plus de vaisseaux aux Indes Orientales dans un an que les particuliers n'y en enverront dans trente. Cette compagnie importoit donc trente fois plus de marchandises que n'en rapportera le commerce isolé. Or, qu'est-ce qui est plus avantageux à la société ? La solution de cette question n'est pas difficile. Je sais que nos néopolitiques m'objecteront qu'on peut se passer des marchandises des Indes. On peut aussi se passer de pain, puisqu'il y a beaucoup de monde sur les montagnes de la Suisse qui n'en mangent jamais ; mais en sont-ils plus heureux ? Tout bon Gouvernement doit tendre à augmenter le bonheur des Gouvernés. Or, plus on multiplie la masse des jouissances de l'homme, plus on aggrandit sa félicité.

Nos philosopho-politiques ont osé affirmer que le commerce de l'Asie ne se faisant qu'avec des métaux et excluant presque tout échange, n'offroit aucun avantage aux Européens. Que ce raisonnement est borné ! l'or et l'argent ne sont pas plus l'aliment de l'homme que le papier. Ces métaux ont moins de valeur intrinséque que le fer, et n'ont rien de précieux que la rareté. L'or est plus lourd que le fer, mais il est moins dur ; l'un ressemble à un sybarite bien nourri qui croupit dans une molle oisiveté, l'autre à un artiste, ou à un laboureur endurci au travail. Le premier est plus recherché, l'autre plus utile.

Il est constant que, depuis quatre siècles, nos richesses métalliques vont s'engloutir en Asie pour n'en plus revenir. Mais il est incontestable que, si depuis ce tems, on avoit gardé en Europe tout le produit des mines de l'autre hémisphère, les métaux que nous appellons précieux, seroient aussi avilis que les assignats et nous paroîtroient moins utiles que le fer.

Les mêmes politiques affirment, d'un ton magistral, que la perte d'hommes qu'entraîne ce commerce, mine la population. Cette assertion n'est pas plus exacte. Je conviens que

l'homme social ressemble à ces insectes indus-
trieux, dont le bonheur n'est que le résultat du
grand nombre ; mais je sais aussi qu'un Etat
ne manque jamais de se peupler en raison de
la masse des subsistances qu'il possède. Or, il
ne me contesteront pas que l'industrie et le
commerce sont les multiplians des produits
de l'agriculture. Par conséquent le commerce
de l'Asie, tout comme les autres , doit contri-
buer à la propagation de notre espèce.

Il est vrai que la plupart de ceux, qui se
hasardent de franchir les mers et d'affronter
l'intempérie des climats périssent souvent victimes de leur avarice ; mais le nombre en est
peu considérable en comparaison de ceux que
leur travail alimente. Un essaim renferme des
Abeilles qui travaillent, mais qui ne propagent
pas ; elles n'en concourent pas moins à la
multiplication de leur espèce.

Il est de fait que cent mille familles vivoient
en France du produit du commerce que nous
faisions en Asie, (je comprends dans ce calcul,
les ouvriers qui manufacturoient les matières
qu'on en retiroit). Les maladies endémiques
des climats rigoureux, ou les accidens de la
navigation, enlevoient à-peu-près par an 3
ou 4,000 des individus qui courroient les ha-
sards de cette carrière. Or, la progéniture de

cent mille familles ne compensoit-elle pas
cette perte ? on doit conclure que lorsque les
inconvéniens d'un négoce sont plus que com-
pensés par les avantages qu'on peut en retirer,
un Gouvernement sage ne doit pas hésiter à le
créer s'il n'existe pas, ou à le protéger par des
privilèges, s'il est déjà établi.

Il n'y a qu'une compagnie de négocians
qui puisse faire l'entreprise du commerce de
l'Asie. Elle est au-dessus des forces de tout
commerçant isolé. Il seroit donc utile de
recréer une Compagnie des Indes, si l'on ne
veut pas absolument abandonner ce commerce.

Pour faire revivre le commerce des Indes
Occidentales, il sera peut être un jour nécessaire d'en établir une seconde et de l'encou-
rager aussi par des privilèges. Il faut absolument un cumul de richesses dans les mêmes
mains, ou un crédit immense, pour raviver
le commerce de nos Colonies. Or, les démons
qui nous gouvernoient jadis, ont assassiné ou
ruiné tous les négocians à grands moyens et à
grand crédit. Marseille, Lyon et Bordeaux, en
perdant leurs plus riches négocians, ont perdu
a source de leur prospérité, et cette perte
rejaillit ou rejaillira avant peu sur toute la
Fance. Mais si la mesure de recréer des com-

pagnies de négocians n'est qu'utile en France, elle est indispensable en Hollande.

Les Hollandais ne peuvent pas plus se passer de leurs compagnies des deux Indes, qu'ils ne peuvent se passer de faire le commerce. Depuis deux siècles elles sont la source de toutes leurs richesses; s'ils sont assez imprudens pour tarir cette source, ils sont perdus pour toujours. Nous avons beaucoup détruit et nous n'avons rien remplacé; qu'ils prennent bien garde de ne pas nous imiter; il est aisé de rapetisser ce qui est grand, mais il est bien impossible d'agrandir ce qui est petit.

Toutes les Compagnies de commerce des autres Nations ont eu des tems de prospérité et des tems de revers. Leur écueil ordinaire étoit les dépenses excessives des premiers établissemens, la prodigalité, l'impatience de jouir des dividendes, le dégoût et la mésintelligence. Celles des Hollandais ont bien eu leur tems de revers; mais la persévérance qui caractérise ce Peuple, les a toujours préservées de leur ruine.

Les Compagnies hollandaises, sur-tout celles des deux Indes, ont toujours été en croissant, et à force de sagesse sont devenues les plus riches et les plus puissantes de l'Europe. Leur commencement est petit, mais leur fin est grande.

En 1592, les négocians de la Zélande équi-
pèrent un vaisseau qu'ils expédièrent par
cette route si peu connue du Nord de la Tar-
tarie. Leur projet étoit de faire le tour de l'ancien continent par la mer glaciale et de dou-
bler le Japon, pour arriver à la Chine. Cette
entreprise échoua. Quelques-tems après les
mêmes armateurs s'associèrent avec d'autres,
ils armèrent quatre vaisseaux qui, en doublant
le Cap de Bonne-Espérance, abordèrent heureusement à la peninsule de l'Inde. Ils en rap-
portèrent quantité de marchandises dont la
vente eut peine à couvrir la dépense ; mais ce
premier essai porta les plus grandes lumières
sur le parti qu'on pouvoit tirer du commerce
de l'Asie. Malgré ce peu de succès, une Compagnie se forma à Amsterdam qui fit partir
huit vaisseaux. Ceux-ci firent à leur retour
des bénéfices considérables ; c'est ce qui détermina leurs Hautes-Puissances à établir, en
1602, la fameuse Compagnie des Indes Orientales. Le privilège exclusif de commercer,
depuis le Cap de Bonne-Espérance jusqu'à la
Chine, lui fut concédé. Nos néopolitiques pré-
tendent que de semblables privilèges sont in-
compatibles avec une Constitution républi-
caine. La Hollande étoit pourtant alors la
seule République démocratique qui existât en
Europe ; mais elle n'avoit pas la folie de vou-

loir étendre la liberté hors de son territoire et la donner par force à des Peuples qui ne la veulent pas, ou qui ne savent pas en jouir. On a aboli en France tous les privilèges, on a concédé la liberté aux Africains ; c'est un acte généreux, sans doute ; mais cet acte est-il politique ? est-il utile au bonheur du grand nombre ? est-il enfin avantageux aux Nègres, et en seront-ils plus heureux ? voilà ce que le tems nous apprendra.

Le premier fonds de la Compagnie hollandaise des Indes Orientales étoit de 6,459,840 florins. Les négocians d'Amsterdam, de Zélande, de Delf, de Roterdam, d'Hoorn et d'Enkhuissen, y contribuèrent chacun selon leurs moyens.

Avec cette somme, considérable alors, on équipa deux flottes, dont l'une étoit de 14 vaisseaux, qui mirent à la voile dans le courant de 1603. En 1610, les dividendes furent repartis aux intéressés et s'élevèrent à 75 pour cent. Quelque tems après, une autre répartition rendit 50. Les actions de cette Compagnie, qui, dans leur origine, n'étoient que de 500 livres de gros ou de trois mille florins, ont valu jusqu'à 650 pour cent, c'est-à-dire, qu'une action a valu jusqu'à 19,000 florins, et avant notre Révolution, elles passoient 12,000 florins d'argent de banque.

La Compagnie des Indes Occidentales, commença à s'établir en 1621. Elle eut le privilége exclusif de commercer sur toute la côte d'Afrique, depuis le détroit de Gibraltar, jusqu'au Cap de Bonne Espérance ; et en Amérique, depuis la pointe méridionale de Terre-Neuve, jusqu'au détroit d'Anian. Son premier fonds fut de 650 mille florins. Les actions de cette Compagnie qui étoient dans l'origine de 6,000 florins, ont rapporté jusqu'à 195 pour cent.

Ces deux Compagnies sont celles de l'Europe qui ont soutenu plus long-tems leur crédit et leur puissance, et qui ont éprouvé le moins de révolutions. La première est devenue très-puissante et même redoutable en Asie. Elle a eu jusqu'à 160 vaisseaux de 30 à 60 canons ; elle avoit des comptoirs dans tous les Etats de l'Asie. Le premier étoit à *Batavia ;* les principaux après celui-ci étoient à *Tavoyan*, dans la Chine ; à *Malaca*, à *Surate*, à *Amboine*, aux isles Moluques ; à *Janchi*, à *Ispaham*, à *Wirgula*, à *Ariacan*, à *Atchin*, en Perse ; à *Ceilan*, près la côte de Coromandel ; à *Nagasacki*, dans le Japon, etc. etc. Quelle perte pour la Hollande, si les Anglais leur détruisent ces établissemens !

CHAPITRE IX.

*Passage du Biesbosch ; prise de Dordrech ,
Roterdam, la Haye et Helvoeslhuys ; ordre
des Etats-Généraux qui enjoint aux Commandans des Places fortes de les livrer aux
Français ; prise de Naërden ; notre Cavalerie s'empare des vaisseaux de guerre
hollandais ; capitulation de la province de
Zélande.*

Entre Gertruidemberg et Dordrech, se
trouve le lac nommé Biesbosch. Les pays qui
portent de hautes montagnes, éprouvent des
révolutions, les unes occasionnées par le feu
des volcans, les autres par l'ébranlement de
ces masses énormes, qui se précipitent sur
les habitations des hommes et les engloutissent
sous leurs débris. Qu'un voyageur parcoure
l'Italie et la Sicile, il verra la place où Héraclée
et une foule de villages et hameaux ont existé
avant d'être ensevelis, sous la lave des volcans.
Qu'il voyage en Suisse, il marchera sur les
ruines de Pleurs, d'Epone, d'Yvorne, etc. qui
ont été engloutis sous les débris des monta-

gnes. Les pays aussi plats et aussi bas que la Hollande sont sujets à l'irruption des eaux, qui noyent les hommes et submergent leurs habitations. En 1421, la mer rompit une des digues de la Hollande et enveloppa dans ses abîmes soixante-douze villages qui s'élevoient sur le terrein qu'occupe aujourd'hui le lac Biesbosch. C'est sur ce lac glacé que la division de Bonneau marcha pour s'approcher de Dordrech et s'en emparer. Les Provinces-Unies sont remplies de destructions de cette espèce. Foible et chétif mortel! tu es perpétuellement en guerre avec les élémens! la planète que tu habites n'est pas un point dans l'immensité des ouvrages de Dieu; elle n'est couverte que de ruines et de débris, et tu as l'orgueil de vouloir dominer tes semblables; tu exposes sans cesse ta vie pour assouvir ton ambition, ou pour servir celle des autres; quelle est donc ta folie!

Le 2 Pluviôse (22 Janvier v. st.), la même division entra à Roterdam. Cette ville, la plus considérable de la Hollande, après Amsterdam, est bâtie dans un vaste marais, sur la rive gauche de la Meuse. Sa plus grande rue est fondée sur une digue qui est plus élevée que le reste de la ville, et qui la garantit de l'inondation. L'air qui circule à Roterdam doit être

bien autrement épais que celui qu'on respire
sur le Grimsel et dans l'habitation des Moines
du Mont Saint-Bernard. Cependant l'homme
vit là et là, voilà ce qui doit surprendre ; car,
à-coup-sûr, les chamois mourroient à Roterdam et les animaux acclimatés dans les cloa-
ques des Provinces-Unies, ne vivroient pas à
l'hospice des Moines du Mont Saint-Bernard.

Le même jour (22 Janvier v. st.), la division du général Macdonal s'empara de Naërden et y prit position, appuyant sa gauche
sur cette Place et sa droite à Amersfort.

La division du général Bonneau s'avança
aussi, se plaça derrière les lignes du Grèbe, sa
droite sur Rhenen et sa gauche à Amersfort.

Le 3 (23 Janvier v. st.), on s'empara de la
Haye, et le palais du Stathouder servit tantôt
de quartier-général, tantôt de domicile aux
Représentans du Peuple. Ces derniers met-
toient une inscription bien singulière et bien
ridicule sur les maisons qu'ils choisissoient
pour habiter. Sur celle de Lille étoit écrit en
lettres d'or :

Nous voudrions que la maison des
Représentans du Peuple fut de
verre, pour que le Peuple
put être témoin de toutes leurs actions.

Les maisons qu'ils habitoient étoient ordinairement très-belles et très-solides; mais elles n'avoient pas besoin d'être de verre. On ne peut pas leur reprocher d'avoir trop caché leurs actions.

La Haye a long-tems passé pour village et n'est qu'un gros bourg, s'il faut des remparts pour constituer une ville; mais si ce n'est qu'un bourg, il peut passer pour le plus grand et le plus beau qui soit en Europe. On y compte 4,800 maisons, et il s'y fait un très-grand commerce.

Tout près de la Haye est le village de Riswick, célèbre par le traité de paix qui y fut conclu en 1697, et qui porte son nom.

Le même jour (23 Janvier v. st.), on s'empara d'Helvoeslhuys, où l'ennemi avoit laissé 600 de nos soldats prisonniers. Ils furent délivrés, et 800 Anglais furent pris à leur place et envoyés en France.

Les Bataves n'avoient plus d'autre parti à prendre que de subir la loi du vainqueur et de tâcher de s'allier avec nous, s'ils avoient envie de se délivrer de leur Chef et de lui résister, dans le cas où il voudroit rentrer à force armée. Les Etats - Généraux prirent donc le parti de capituler. Ils donnèrent ordre à tous les Commandans des Places fortes, de les livrer aux

Français, dès qu'ils en seroient requis. Cette démarche étoit pénible, sans doute, mais elle étoit indispensable. On ne désarma point les garnisons ; mais nos Généraux exigèrent qu'elles prétassent le serment de ne plus porter les armes contre les Français.

La gauche de l'armée de Sambre et Meuse qui avoit quitté la Gueldre Prussienne, s'empara d'Arnheim. Cette ville qui est grande, belle et bien fortifiée, est située sur l'angle que forme l'Yssel en se séparant du Lck. Ce corps d'armée y appuyant sa droite, et sa gauche sur Amersfort, complatta une ligne formidable, depuis ce point jusqu'à Naërden sur le Zuiderzée.

Voici un fait qui étonnera, sans doute, la postérité, et qui même, au moment où il s'est passé, a trouvé nombre d'incrédules. Quoique choquant les lois de la vraisemblance, il n'en est pas moins très exact, et on peut le croire comme si on l'avoit vu. On doit se rappeler que la conquête des Provinces-Unies s'est faite pendant un hiver qui fera époque dans la métérologie. Eh bien ! dans le tems le plus rigoureux, on envoya des troupes, mais particulièrement de la cavalerie et de l'artillerie légère dans la Nort-Hollande et, à la faveur des glaces, cette cavalerie s'empara des vaisseaux de guerre hollandais.

C'est, sans doute, la première fois qu'on a vu des flottes prises par de la cavalerie. Le fait est incroyable, surprenant, invraisemblable même. Il est pourtant vrai; mais tout est extraordinaire dans cette campagne d'hiver.

Comme des événemens de cette nature ne doivent se présenter qu'avec précaution et ménagement, je crois devoir rappeller au Lecteur que les Hollandais ne possèdent pas un seul port, où les vaisseaux de guerre puissent entrer armés. Ils sont donc obligés de les laisser à l'entrée du Zuiderzée, dans un détroit qui se trouve entre la pointe septentrionale de la Westfrise et l'isle de Texel. Ce canal, ou détroit, se gèle presque aussi facilement et aussi souvent que les rivières. C'est-là qu'a eu lieu cette expédition extraordinaire.

Les sédimens que l'Escaut a déposé à son embouchure, dans une longue suite de siècles, ou peut-être une irruption de la mer, ont formé un petit archipel, composé de six isles, assez grandes, et de plusieurs petits flots. C'est ce qu'on appelle la province de Zélande, qui est la troisième, selon l'ordre dans lequel elles donnent leurs voix dans les assemblées générales de la Nation. Ces isles n'ont, tout comme la Hollande occidentale, qu'un territoire factice et dérobé à la mer par le moyen des digues.

L'air de la Zélande est épais et mal sain. Son sol est assez fertile en grains, et abonde en pâturages. Son commerce étoit aussi ancien et aussi florissant que celui de la Hollande. Les directions générales des Compagnies des deux Indes étoient tenues de résider deux ans sur huit à Midelbourg. Cette Province avoit, pour ainsi dire, donné lieu à la création de la Compagnie des Indes Orientales. Après Amsterdam, elle avoit le plus contribué à en faire les premiers fonds. C'est aussi à Midelbourg que siégeoit le Conseil souverain de la Flandre-Hollandaise; et cette contrée, qu'on peut regarder comme inhabitable, s'étoit élevée à un très-haut degré de prospérité. La chûte des Compagnies de commerce et de la banque d'Amsterdam, ne peuvent pas manquer d'amener la ruine de tout cet archipel.

Les Etats de cette Province capitulérent avec les Français dans les derniers jours de Janvier. Mais on eut beaucoup de peine d'y aborder, parce que les détroits intermédiaires de toutes ces isles n'étoient pas solidement gelés.

CHAPITRE X.

Séjour de l'armée derrière les lignes du Grèbe; retraite de l'armée Anglaise derrière l'Yssel; évacuation de Zwol et Campèn; prise de Doësbourg; évacuation de Coëvarden.

Les provinces de Zélande, Gueldre, Utrecht et Hollande étoient déjà au pouvoir des Français. Celles d'Overissel, de Groningue et de Frise, qui sont à la droite de l'Yssel, étoient encore occupées par les Anglais. Notre armée resta quelques jours derrière les lignes du Grèbe, formant un cordon, depuis la séparation du Leck et de l'Yssel jusqu'à Naërden; notre avant-garde s'étoit avancée jusqu'à Harderwick.

Plusieurs Officiers Généraux étoient d'avis qu'on gardât cette position. Le cordon étoit là parfaitement bien lié et montroit un front imposant de défense; mais les événemens subséquens firent rejetter cet avis. Nous avions imprimé trop de terreur à l'ennemi pour en demeurer là. On vit donc qu'il n'étoit pas

nécessaire

nécessaire d'attendre la belle saison pour completter la conquête des sept Provinces-Unies.

L'armée Anglaise s'étoit retirée derrière l'Yssel et avoit formé une ligne, depuis Doesbourg jusqu'à Campen. Cette position n'étoit pas mauvaise; mais quand une armée a perdu la confiance, il n'en existe pas de bonnes. Ceux qui n'avoient pas craint de franchir la Lys, l'Escaut, la Meuse, le Vahal et le Leck pour la poursuivre et l'abattre, ne devoient pas regarder l'Yssel comme une barrière insurmontable. Ces Insulaires en étoient si persuadés que dès que notre avant garde parut à Harderwick, ils furent frappés d'une telle terreur, qu'ils évacuèrent Campen et Zwol. Cette pusillanimité augmenta la confiance de nos troupes, et fit lever l'ajournement de la conquête entière.

Après l'évacuation de ces deux Places, on fit marcher, sans perdre de tems, sur l'Yssel. Les 15 et 16 Pluviôse (4 et 5 Février), la division de Macdonal vint prendre position entre Campen, Zwol et Deventer. Celle de Moreau se porta depuis Zutphen jusqu'à Deventer. Les 17 et 18 (6 et 7 Février), la division de gauche de l'armée de Sambre et Meuse, occupa Doesburg et garda le canal

(194)

de Drusus, ainsi que celui de Pannerden, où elle avoit déjà des troupes.

Aprés l'invasion des Places qui bordent la rive droite de l'Yssel, l'armée Anglaise étoit dans l'impossibilité de nous résister. Elle étoit donc nécessitée à abandonner tout le territoire Hollandais et à se retirer dans la Westphalie. Le Roi de Prusse ne tarda pas à établir un cordon de troupes, depuis Wesel jusqu'à Emdem. Les Anglais le prirent bientôt pour chef de file et se placèrent entr'eux et nous. Je doute même qu'ils fussent parfaitement tranquilles derrière cette respectable ligne.

O Anglais ! vous êtes plus subtils que nous dans les affaires. Nos bayonnettes sont moins bien acérées que celles dont vous vous servez; mais ne vous y frottez pas souvent, les bras qui poussent les nôtres sont plus fermes; on vous en a fait faire l'expérience. Vous avez, par une politique infâme, fait égorger deux millions de Français. Vous avez ruiné le commerce de toutes les Puissances maritimes de l'Europe. Vous vous êtes élevés sur les débris sanglans de tous les Etats. Vous régnez sur la mer, il est vrai, mais laissez nous prendre quelques années de repos, et rappellez-vous que la grandeur de Carthage eut un terme. Nous manquons de vaisseaux, mais avec le tems nous pouvons en faire. Nous n'avons pas d'Officiers de mer, nous en créerons. Nos Marins sont moins expérimentés que les vôtres, mais vous savez qu'ils sont plus braves. Malgré vos intrigues, nous avons établi un Gouvernement. Prenez-y garde, si la sagesse peut le diriger dix ans de suite, vous n'en avez pas pour huit d'existence. En attendant cette catastrophe, si salutaire pour tous les Etats de l'Europe, je vais conduire votre armée hors de la Hollande et loin de la portée de nos canons.

Après le passage de l'Yssel, la terreur étoit si profondément imprimée dans le cœur des Bretons, que l'aspect de dix de nos soldats en faisoit frissonner un millier. Le proverbe Italien qui dit : *l'Inglese comme un leonné* n'étoit pas là fort exact. Il étoit, dans cette occasion, *comme un lepré.*

Un bataillon de grenadiers et deux escadrons de chasseurs de la brigade de Reunier, furent envoyés pour faire une reconnoissance sur Goo, Ressen, Almelo et Hardemberg. Ils chassèrent bien vîte les Anglais de Twente. La patrouille qui parut à Haardenberg étoit peu nombreuse ; mais il semble que les soldats qui la composoient eussent emprunté la tête de Méduse. Dès que les Anglais les apperçurent, ils eurent tant de frayeur, qu'ils évacuèrent Coëvarden dans le plus grand désordre. En vérité, il faut l'avoir vu pour le croire.

Le dégel avoit rendu les chemins si impraticables, que, pour s'emparer de Coëvarden, il fallut que nos Grenadiers fissent plus de deux lieues, ayant l'eau jusqu'aux genoux. Mais n'importe, cet obstacle des chemins, qui paroîtroit insurmontable à l'homme le moins douillet, ne parut qu'un jeu à nos Grenadiers. Ils arrivèrent donc et se rendirent maîtres de cette Place forte.

Nos riches Sybarites appellent manquer de tout, n'avoir pas de quoi entretenir trente laquais; n'avoir pas une table délicatement et proprement servie; une vingtaine de chevaux et plusieurs maîtresses. Il faut que de riches tapis couvrent le parquet des appartemens qu'ils habitent, sans quoi un gros rhume attaque leur délicate constitution, et les jette, à force de régime, dans une maladie sérieuse. L'odeur d'une chandelle les fait trouver mal. Ils sont malheureux, s'ils ne peuvent se procurer de belle bougie. Il y a tel homme riche à Paris et dans les autres grandes villes, qui n'a jamais su se servir de ses bras pour s'habiller, ni de ses jambes pour faire une lieue à pied. Ils ont toujours été traînés dans des chars magnifiques de chez eux chez leurs amis, et de là chez les femmes. On peut assurer qu'il y avoit en France des particuliers qui renchérissoient sur la vie voluptueuse de Caligula.

Les enfans de ces hommes, dégradés par la mollesse, étoient soldats dans nos armées. Manquer de tout pour eux, étoit manquer de pain, d'habits, de souliers et généralement de tout ce qui est indispensablement nécessaire à la vie. Au lieu de lits molets, ils n'avoient pour reposer que la terre humide et souvent couverte de neige; aulieu de magnifique tapis ils marchoient dans l'eau. Ils s'habilloient seuls et se portoient portant mieux que leurs pères. Si cette guerre n'avoit pas perdu la génération présente, pour les Arts et les Sciences, et qu'elle ne l'eût pas démoralisée, la belle et salutaire leçon qu'elle a reçue ! Cependant on peut dire que le sybarisme n'a fait que changer de mains. Je vois des Sans-culottes enrichis par l'agiotage et les rapines, qui n'imitent pas mal nos anciens Crésus. Ils sont plus grossiers et peut-être plus insolens; je n'y vois pas d'autre différence.

Le peu de résistance que les Anglais ont faite sur la rive droite de l'Yssel, a étonné beaucoup d'observateurs. On a même tiré des conjectures qui n'honorent pas cette Nation. L'Yssel est un grand fleuve qui peut être mis au rang des bonnes barrières. Il est bordé sur sa droite d'une foule de Places assez fortifiées pour arrêter une armée au moins pendant un tems. Doesburg, Zutphen, Deventer, Campen, etc. sont des Villes qui forment une très-bonne ligne de défense, et on peut très-bien faire les questions suivantes : Pourquoi ces Insulaires ne se sont-ils laissé assiéger dans aucune de ces Places? Pourquoi à l'aspect d'une avant-garde ou d'une simple patrouille, les ont-ils évacuées sans brûler une amorce? si c'est par lâcheté, ils sont trop méprisables ; si c'est une de leurs perfidies, ils sont détestables.

Je me trompe peut-être dans mes conjectures ; mais je n'ai pas pu m'empêcher d'en faire une qui ne leur est pas favorable. J'ai comparé leur conduite à celle d'un voleur qui s'introduit dans une maison où le feu s'est manifesté. Il a l'air de vouloir arrêter l'incendie ; mais dans le fait il ne veut que piller les objets précieux qui sont dans cette maison. Cette comparaison n'honore pas l'Angleterre ; mais la marche constante qu'elle a tenue depuis notre entrée en Hollande me confirme dans cette idée.

On sait que la politique anglaise tend, depuis deux siècles, à écraser le commerce
maritime des autres Nations. Que toutes ses
guerres n'ont eu et ne peuvent avoir que ce
but. Les Hollandais, quoique voisins de cette
Nation avide, avoient conservé des possessions en Asie et en Afrique, qui, depuis
long-tems étoient un objet de concupiscence
pour les Bretons. Il falloit un prétexte pour
les en dépouiller. Le Gouvernement anglais
l'a fait naître. Il a traité cette Nation de
rébelle dans le tems qu'elle n'étoit que conquise par une autre Puissance. Devoit-elle
se servir d'un prétexte aussi frivole pour la
dépouiller ? Peut-on voir autre chose qu'une
perfidie atroce dans une pareille conduite ?
Quand est-ce qu'on voudra ouvrir les yeux
sur les intrigues de cette Nation ? jusqu'à
quand les Puissances seront-elles ses dupes ?

L'Angleterre n'avoit pas pu absolument
fermer ses ports aux Hollandais. Elle leur
avoit bien interdit l'importation de toute espèce de marchandise : mais comme ils possédoient seuls les épiceries du Levant, elle
avoit été forcée de faire une exception pour
cette marchandise. Sous prétexte que le Stathouder s'est réfugié chez eux, les Anglais
se sont emparés des terres qui produisent cette

N 4

précieuse denrée. Je les connois assez pour croire qu'ils ne les rendront qu'à la dernière extrémité ; et s'ils sont forcés à la restitution, ils ne la feront qu'après les avoir ravagées. Le Gouvernement décemviral s'est couvert de bien des crimes pendant qu'il a existé, ceux du Cabinet de Saint-James ne sont pas si apparens ; mais ils sont peut-être plus pernicieux à l'Europe.

CHAPITRE XI.

Les Français s'emparent des Provinces de Frise et de Groningue ; leur entrée à Groningue. Combat de Berterzil. Retraite de l'ennemi derriere l'Ems. La paix du Roi de Prusse arrête la conquête de la Westphalie. Changemens faits dans le commandement de nos armées.

LES Provinces de Frise et de Groningue étoient les seules où les Français n'eussent pas de garnison, et l'Armée anglaise étoit encore dans une partie de la Province de Groningue. La bonne politique commandoit impérieusement de s'en emparer ; mais nos troupes étoient harrassées de fatigues et très-mal équipées. Une marche sur ces Provinces, que le dégel avoit rendues immaccessibles divisoit beaucoup notre armée et l'exposoit à des revers facheux, si des troupes fraiches avoient tenté de nous résister. D'un autre côté, il étoit dangereux de les laisser au pouvoir de l'ennemi, parce qu'il pouvoit y recevoir des renforts et venir faire des tentatives d'attaque. Toutes ces raisons, pour et contre, furent murement pesées ; mais celles de la politique durent l'emporter. On se détermina donc à y envoyer la division commandée par Macdonal ; l'on fit encore approcher une division de l'armée de Sambre et Meuse ; de manière qu'il y en eut deux de cette armée sur la rive droite du Rhin. Elle furent destinées à s'avancer sur l'extrême frontière, conjointement avec celle de Moreau, appuyant leur droite sur Emmerick, que les Autrichiens venoient d'évacuer.

Les choses étant ainsi disposées, le premier Ventose (20 Février) nos troupes marchèrent sur Groningue et s'en emparèrent. Les Anglais ne concevant pas qu'une armée pût avancer dans un pays aussi difficile et par des chemins que le dégel avoit rendu impraticables, crurent qu'il n'y étoit venu qu'un Parti français. Ils n'abandonnèrent donc pas le projet de nous faire résistance, pour conserver les forts qui couvrent cette Province du coté de l'Allemagne. Mais ils ne furent pas plus heureux là qu'ailleurs.

La brigade du Général Reunier arriva le 10 (1 Mars), et ce renfort donna la facilité d'attaquer. Le principal choc se dirigea sur l'Ecluse de Bersterzil, où ils avoient commencé des ouvrages de défense. Les ouvrages

de campagne ne valoient pas les retranchemens naturels de l'Yssel ; ainsi les Anglais,
là, comme partout, furent pleinement battus,
et on les força d'évacuer Nenweschans , et
Oudeschans , dont nous nous mîmes en
possession.

Le 12 (3 Mars), nos troupes s'emparèrent
de Bourtanges , et poursuivirent l'ennemi
jusqu'à l'Ems ; mais le dégel nous empêcha
d'avancer d'avantage, et cette rivière fut le
nec plus ultra de cette campagne. On prit,
tant dans cette journée que le lendemain (4
Mars) trois cent prisonniers, trois pièces de
canon et toutes les munitions et provisions
qui se trouvèrent dans les forts.

Dans les même jours, le Général Moreau,
qui commandoit la division de droite, chassa
l'ennemi du comté de Benthen, s'empara du
Fort de ce nom, et une grande quantité de
prisonniers et prit plusieurs canons.

La Province de Frise a été autrefois bien
plus étendue qu'elle n'est aujourdhui. La Nort-
d'Hollande, qui conserve encore le nom de
Westfrise, en fesoit partie. En 1225 une de
ces révolutions du Globe, assez communes
dans les pays aussi bas que les Provinces-unies,
les sépara pour toujours. Une irruption subite
de la mer forma ce grand golfe, de trente

lieues de longueur, qu'on nomme Zuiderzée.
La ville de Staveren, autrefois capitale des
Frisons, et placée alors au centre de toute
cette vaste Province, fut presque toute en-
gloutie dans les abîmes de l'Océan; le peu
qui reste de cette ville se trouve maintenant
à une des extrémités du pays qu'on appelle
Frise.

Des événemens aussi terribles, devroient
tenir dans une crainte perpétuelle, ceux qui
ont la témérité d'habiter ce *polder*. La mer et
les rivières sont suspendues sur la tête des
Hollandais, et n'ont pour les retenir que des
barrières factices. Un Batave qui, au flux de
la mer, voit les flots s'amonceler les uns sur
les autres, et frapper avec violence les foibles
dignes que son industrie leur a opposées, devroit se dire à lui même : » Ce monstre
» menace deux fois par jour l'habitation que
» je me suis faite. Il finira par la dévorer ; il
» faut donc que je la quitte. » Aucun Hollandais ne fera cette réflexion; elle est pourtant
naturelle, car il est de fait que toute la Hollande ne doit être regardée que comme un
pays purement précaire.

Nous voilà postés sur les frontières de la
Westphalie, ayant devant nous un superbe
champ de conquêtes. Il ne nous falloit que

(205)

qninze jours de repos. Un peu refaites de leurs
fatigues, nos armées auroient facilement dé-
pouillé le Roi de Prusse de toutes les possessions qu'il a dans ce Cercle.

Ce Monarque avoit bien envoyé son armée
dans cette partie et avoit formé un cordon
depuis Wesel jusqu'a Emder; mais il n'étoit
pas en mesure pour nous résister. La prudence lui fit entrevoir les dangers qu'il couroit : il négocia donc la paix à Bâle, et elle
fut conclue aux applaudissemens de tous
les vrais Français. Je ne mets point dans cette
cathégorie, ni les Emigrés, ni les Montagnards ;. parce que, ni les uns, ni les autres
ne vouloient point de paix. Ils préféroient l'a-
narchie et le brigandage.

Le Roi de Prusse détacha donc la première
pierre de cet édifice d'architecture barbare,
qui s'étoit construit à Pilnitz; dont les Anglais
avoient fourni le plan et l'argent, et dont
toutes les Puissances de l'Europe fournis-
soient les ouvriers et les matériaux. Depuis ce
tems d'autres s'en sont détachées; si la principale en sort, gare aux architectes !

Le 1 Germinal (20 Mars), l'Armée française eut ordre de cesser toute hostilité avec
les Prussiens. Alors au lieu de s'entregorger,
nos troupes et l'Armée de Frédéric vécurent

en bonne intelligence. Les Anglais terrifiés jusqu'au fond de l'ame, se retirèrent derrière le respectable cordon des Prussiens, et continuèrent de s'enivrer tranquilement de punch et d'eau-de-vie.

Ici se terminent les conquêtes des Français dans les pays septentrionaux. N'ayant plus que la mer au nord et les Etats du Roi de Prusse à l'est, ils devoient nécessairement terminer leurs exploits, non pas faute de combattans; mais faute de terres à conquérir.

Les deux divisions de l'armée de Sambre et Meuse, qui avoient passé le Rhin, et qui occupoient le Comté de Zutphen, et une partie de la province d'Overissel, ne furent plus nécessaires dans cette contrée. Elles repassèrent le fleuve et suivirent les mouvemens que l'armée de Jourdan fit en le remontant. Cette armée se rassembla principalement du coté de Coblentz, remplaça, autour de Luxembourg, celle de la Moselle, et cette dernière se joignit à l'armée du Rhin devant Mayence.

Après la conquête des Provinces-unies, l'armée du Nord étoit disponible, à l'exception des 25, 000 hommes que les Etats-Généraux avoient obtenus du Gouvernement. On pouvoit disposer du reste et en renforcer les

(207)

armées actives; c'est sans doute ce qui détermina les changemens qui eurent lieu dans le
commandement de nos armées,

Pichegru eut ordre d'aller diriger les mouvemens de l'armée du Rhin et Moselle. Il
conserva pourtant toujours le Commandement
en chef de celles de Sambre et Meuse et du
Nord. La première continua d'être commandée par Jourdan, et Moreau fut nommé Général en chef de celle du Nord.

Pichegru se trouva à Paris le 12 Germinal
(1e Avril). jour où la faction anarchiste avoit
projetté de renouveller ses fureurs. Sa présence et les positions qu'il fit prendre à la
force armée, déjouèrent les projets pervers des
hommes de sang. On ne lui a pas pardonné
le zèle qu'il montra dans cette journée. Les
désorganisateurs ont eu un moment de crédit;
ils ont trompé le Gouvernement actuel, qui
a obligé Pichegru à donner sa démision. Aris-
tide fut condamné à l'Ostracisme, Pichegru a
été nommé Ambassadeur en Suède. Ce Général se retire pauvre; mais avec toute sa gloire.
Il a l'estime de tous les Français qui aiment
leur Pays; il n'a d'ennemis que parmi ceux
qui veulent le déchirer; il a encore mérité
celle des ennemis qu'il a si souvent battus.
Tant de gloire peut elle demeurer long-tems

cachée sous le boisseau ? Non ; Pichegru aime trop sa Patrie pour qu'un jour elle ne soit pas reconnoissante.

Un enfant devenu robuste par un lait nourrissant qu'il a succé, peut avoir des caprices. Il frappe quelque fois sa nourrice et déchire les mamelles d'où il a tiré ses forces. La nourrice ne l'en aime pas moins ; elle espère qu'il deviendra grand et qu'il reconnoîtra un jour les soins qu'elle prend de son enfance.

CHAPITRE

CHAPITRE XII.

Réflecions de l'Auteur sur les succès in-croyables des Français, dans la guerre présente.

LA Postérité ne croira jamais les exploits étonnans des Français pendant cette campagne, et l'Histoire qui les resserrera dans les bornes de la plus exacte vérité, ne paroîtra qu'une monstrueuse exagération. Ne trouvant dans la suite de tous les siècles rien de comparable à nos victoires, elle finira par douter de leur réalité. En effet, tout ne présageoit il pas la destruction et le démembrement de la France? Elle avoit des ennemis formidables sur tous les points de son horison. Les Deux-siciles; la Toscane, le Portugal l'Espagne, et la Sardaigne au midi; l'Autriche et le vaste échiquier des puissances féodales de l'Empire à l'est; l'Angleterre, la Hollande, la Prusse et la Russie au nord, et cette boucherie horrible, appellée Vendée, à l'occident.

Toutes les forces de l'Europe s'étoient confédérées contre un Peuple seul; contre un Peuple dépourvu de secours au déhors, déchiré au dedans par des factions désorganisatrices, et par la guerre civile, contre un Etat entièrement dissous, sans chefs, sans argent, sans subsistances, livré à l'anarchie la plus complette, en proie à tous les fléaux les plus destructeurs, et souillé par le crime et l'assassinat. Qui croira qu'un Etat si près de sa ruine entière ait pu résister à des chocs aussi terribles, soutenir un fardeau aussi pesant et parer à des coups aussi habilement dirigés? Qui pourra croire qu'attaquée dans toutes ses parties, la France ait pu conserver son territoire intact? Cependant tout cela est arrivé. Non contens de défendre nos anciennes limites, nous les avons considérablement reculées, et la France est devenue conquérante au moment où tout portoit à croire qu'elle seroit conquise et démembrée.

Du tems de Scipion, les exploits d'Annibal avoient mis la République romaine à deux doigts de sa perte. Le danger que couroit la ville de Rome électrisa ses habitans et ralluma leur courage. Ils vainquirent Annibal et non contens de sortir du plus grand de tous les périls, ils portèrent la guerre, les ravages et la destruction chez les Carthaginois.

Ce trait d'Histoire est le seul qui ait une
espèce de ressemblance avec les évènemens
inconcevables de notre campagne; mais quelle
différence! nos exploits ne souffrent point de
parité. Les Romains n'avoient qu'une puissance a combattre; nous en avions au moins
trente. Ils n'avoient besoin que de marcher
sur un point; il falloit diviser nos forces et les
porter sur tous ceux de notre circonférence.
Les Romains étoient d'accord entr'eux; nous
vivions dans la discorde. Ils avoient un gouvernement sage et bien organisé; nous vivions
au milieu du désordre et de l'anarchie, et des
bourreaux s'étoient emparés des rênes de
l'Etat. L'Histoire a donné la plus grande
célébrité aux héros qui combattirent sous les
ordres de Scipion; nos défenseurs en méritent
davantage!

Dans cette surprenante guerre d'une nuée
de puissances formidables contre un Peuple
seul, les Coalisés s'imaginoient qu'il n'y avoit
rien de si facile que de conquérir la France.
Ils ne voyoient de difficultés que pour le partage de nos dépouilles. Ils commençoient déjà
à se disputer la peau de l'ours, et l'on peut
hardiment affirmer que c'est leur infame cupidité et leur sotte dissidence qui ont préparé
nos succès et qui les ont rendus si rapides.

Le besoin de défendre nos foyers a tendu tous les ressorts de notre énergie. Nous n'avions point de soldats ; un patriotisme brûlant en a fait sortir, comme de sous terre, une quantité incalculable. La terreur les a fait marcher, le fanatisme de la liberté les a rendus intrépides, et leurs triomphes en ont fait des héros. Aucune Nation n'a jamais couru tant de dangers ; aucun peuple ne les a bravés avec autant d'intrépidité et ne s'en est tiré avec autant d'honneur.

En 1792, l'ennemi s'étoit fait une trouée par la Lorraine, s'étoit avancé jusques dans les plaines de la Champagne, et son camp de la Lune n'étoit qu'à trois lieues de Châlons. Il n'avoit aucune brèche à faire, ni aucun fort à prendre. Sa marche sur Paris n'avoit d'autres obstacles que le courage d'une ardente jeunesse, qui n'étoit pas encore exercée, qui agissoit sans ordre ni discipline, et qui dans le fait n'étoit pas en mesure pour lui résister. Par un de ces événemens auxquels on ne doit jamais s'attendre, l'ennemi fut repoussé et forcé de reculer jusqu'au delà de nos limites. Nous fîmes plus, nous marchâmes sur la Belgique et nous en fîmes la conquéte.

En 1793, la trahison forcée de Dumouriez,

nous fit perdre la Flandre autrichienne, en moins de tems que nous n'en avions mis pour la conquérir. Notre première ligne de fortification, dans le Hainant, fut attaquée et devint la proie de l'ennemi.

Dans le même tems, l'Alsace fut entamée ; les fameuses lignes de Weissembourg furent forcées, Landau fut bloqué, Lauterbourg, Fort-Louis, Haguenau, etc. furent pris. L'ennemi étoit à trois lieues de Strasbourg, et cette ville, poussée à l'exaspération par les traitemens indignes que les Proconsuls montagnards lui faisoient éprouver, ne demandoit qu'à pouvoir lui ouvrir ses portes.

Au Midi les affaires ne succédoient pas mieux ; l'armée Espagnole avoit franchi les Pyrénées, étoit près de Perpignan, et tous les Départemens du Midi, qui ne sont pas comme ceux du Nord hérissés de Places fortes, ne pouvoient pas manquer d'être envahis par les Castillans.

Toulon, ce boulevard de nos flottes dans la Méditerrannée, étoit au pouvoir de la Grande-Bretagne ; et si cette Puissance avoit eu une armée pour couvrir cette Place, elle auroit été imprenable.

Nos stupides Gouvernans menacèrent la tête de Paoli, dans le moment où il avoit tout les pouvoirs administratifs et militaires de l'isle de Corse dans ses mains. Paoli, pour se sauver de leurs fureurs, livra cette isle aux Anglais: il n'avoit pas d'autre parti à prendre.

La Vendée prenoit une attitude effrayante, et étoit le gouffre qui engloutissoit le plus de Français.

Lyon se mit en révolte, pour lutter contre l'anarchie. Cette ville a été soumise depuis. Mais son commerce, si jalousé par les Anglais, a été ruiné, et ses fabriques sont anéanties. Les anarchistes, après avoir exercé leur fureur contre les habitans de cette Ville, s'en sont pris aux choses inanimées, ils ont dépensé des sommes énormes pour en faire détruire les plus belles maisons. Si les Anglais n'ont pas payé très-cher cette destruction, on peut affirmer que nos scélérats leur ont rendu un grand service *gratis*.

Bordeaux qui avoit vu assassiner ses fidèles Députés, par une faction atroce, qui n'avoit pas le droit de les punir, quand même ils auroient été criminels, étoit dans l'exaspération et menaçoit de se livrer à l'Angleterre pour éviter sa ruine et se soustraire à l'assassinat.

La France entière ne voyant dans son Gouvernement et dans les Administrations, que

les hommes les plus ineptes et les plus profondément pervers, desiroit un nouvel ordre
de choses. Etonnée de voir sortir de son sein
même, un nombre infini de voleurs et d'assassins qu'elle n'y soupçonnoit pas, elle
tomba dans le découragement et dans une
parfaite apathie sur le choix de son Gouvernement. Sous le despotisme le plus cruel, elle
ne desiroit et ne pouvoit desirer que d'être
délivrée de ses tyrans. Outrée d'indignation
à cause de l'attentat commis sur ses plus vertueux Représentans, ses murmures commençoient d'éclater. On s'en apperçut, on lui jetta
pour l'appaiser, comme on jette des dragées
aux enfans, ce squelette de Constitution, ce
Code anarchique que les pervers réclament
aujourd'hui. Elle y vit un article qui promettoit la sûreté des personnes et des propriétés; il n'en falloit pas davantage, dans
ces momens de crise, pour la faire accepter
avec une espèce de reconnoissance. On en vit
tout le venin; mais ce seul article ranima
l'espérance, et la fit accepter. D'ailleurs, il
n'existoit plus de liberté; les hommes éclairés
qui s'avisèrent d'en vouloir montrer les défauts, furent incarcérés et plusieurs envoyés
à l'échafaud. Les Assemblées primaires qui
doivent être aussi libres que l'air, furent

comprimées par un très-petit nombre de scélérats : enfin cette Constitution qui, toute informe qu'elle étoit, avoit donné des espérances, fut remise dans le porte-feuille, et le Gouvernement révolutionnaire qui lui succéda, couvrit notre malheureuse Patrie de ruines et de cadavres.

Pouvoit-on prévoir qu'un Peuple environné d'ennemis au dehors, déchiré plus cruellement encore par les factions conspiratrices du dedans, en proie à tous les fléaux les plus terribles et les plus destructeurs ; pouvoit-on présumer que ce Peuple viendroit à bout de terrasser tous ses ennemis, de les repousser hors de son territoire, de faire la conquête de plusieurs Empires, de franchir les Alpes et les Pyrénées, de traverser les marais et les fleuves de la Hollande et de pousser ses conquêtes plus loin qu'aucune des Puissances guerrières qui nous ont précédés ? Tout cela est inconcevable, invraisemblable, incroyable même, mais c'est la vérité.

Au commencement de Janvier 1794, dans le tems que la nature reposoit et étoit engourdie par le froid, nos troupes partent des environs de Strasbourg, reprennent Haguenau, Fort-Louis, Lauterbourg, etc., forcent les lignes de Weissembourg, délivrent Landau

et repoussent l'ennemi loin de nos limites ;
c'est de cette époque que date le commencement de nos succès ; nous n'avions eu auparavant que des revers, ou des avantages éphémères, et c'est Pichegru, qui, sans avoir de commandement en chef, dirigea cette première opération.

Sur la fin de Mars de la même année, il part une division d'armée de sous les murs de Lille, une autre des environs de Douay. Comme un torrent impétueux, elles franchissent tout ce qu'elles rencontrent sur leur passage ; elles combattent les soldats de tous les Etats de l'Europe, triomphent de leurs efforts, s'emparent d'un vaste territoire tout hérissé de forteresses, franchissent les fleuves, les lacs, les rivières, arrachent des mains de l'ennemi nos importantes places du Hainault, et poussent leurs conquêtes jusqu'à la mer du Nord et à la rive gauche de l'Embs. Tout cela ne prend qu'une année de tems. Existe t-il et a t-il même existé une Nation capable d'un pareil effort ?

Les Montagnards et les Jacobins s'attribuent la gloire d'avoir imprimé ce grand mouvement à la Nation française, qui, à la vérité, étoit nécessaire pour la délivrer de la cupidité des Puissances coalisées. J'avoue moi-même

que leurs cruautés et leurs injustices ont beaucoup contribué à augmenter le nombre de
nos défenseurs; à force de faire du mal, il en
est résulté quelque bien; mais ils ont fait l'un
par hasard et l'autre par goût, et il s'en faut
beaucoup que la somme de l'un équivale
à celle de l'autre. Heureusement, ces etres
dégradés faisoient comme la pierre à éguiser
qui ne coupe pas, mais qui fait couper. Ils
faisoient partir beaucoup de monde pour les
frontières; ils se gardoient bien d'y aller; ils
trouvoient plus commode de hurler dans les
Clubs, de torturer et de voler les Citoyens
paisibles, que d'aller courir les dangers de la
guerre. C'est donc leur lâcheté qui a sauvé
la France; car s'ils étoient venus infecter nos
armées et qu'ils eussent crié contre les épau-
letiers comme ils faisoient à Paris, la France
étoit perdue. Quand même leurs mesures
atroces auroient été indispensables, ce qui
est fort douteux; quand même nous devrions
tous nos succès à leur barbare atrocité, ils
n'en seroient pas moins des instrumens vils
et méprisables. Un architecte fait ses écha-
fauds avec des matières abjectes : quand son
édifice est fini il les met au rebut ; c'est la seule
grace qu'on puisse faire aux anarchistes.

D'ailleurs, ces mesures horribles et inu-

sitées, étoient-elles absolument nécessaires?
Les succès que nous avons obtenus, depuis la
destruction de la tyrannie, prouvent irrésis-
tiblement que non. La folie peut par hasard
donner les mêmes résultats que la sagesse;
mais celle-ci est toujours préférable. Un homme
qui avoit une hydropisie de poitrine se battit
en duel; il reçut un coup d'épée à l'endroit
précisément où le dépôt s'étoit formé, et cet
accident heureux lui évita une opération
cruelle et le guérit radicalement. Faut-il que
tous ceux qui auront la même maladie aillent
sur le pré pour obtenir le même effet; et la
main sûre d'un Chirurgien dirigée par les lumières de l'art, n'est-elle pas préférable à
celle d'un spadassin? En général, quand la
prudence et la sagesse peuvent produire de
bons effets, il ne faut pas les attendre du
hasard et de la folie.

Notre Révolution, (vu le caractère bouillant et irréfléchi des Français), devoit être
terrible; aussi l'a-t elle été plus qu'aucune de
celles qui ont eu lieu en Europe. Elle a ruiné
la plus belle contrée de l'Univers : en détrui-
sant une Religion que l'habitude avoit profondément enracinée dans le cœur des Français,
elle a totalement perdu la morale. En persécu-
tant et comprimant les hommes éclairés, elle

a absolument détruit cet esprit public qui se manifestoit dans les deux premières années. Cependant, nous pouvons dire comme Senèque, *sanabilibus egrotamus morbis*. Rendez les Français heureux; que les propriétés soient scrupuleusement respectées, et par les gouvernans et par les gouvernés, et bientôt l'esprit public se remontera et servira de rempart au Gouvernement actuel. Jusqu'à ce moment, on s'est fait un jeu de les violer toutes. Or, on ne peut pas aimer un Gouvernement spoliateur ; ainsi, par cela même, que celui d'aujourd'hui ne peut pas l'être, s'il ne s'écarte pas de la Constitution , on doit le maintenir.

Il faut bien se convaincre qu'on ne change pas de Gouvernement aussi facilement que de linge, et que tout changement dans cette matière est un coup de poignard porté à la société : l'expérience nous en a assez instruits.

La plupart des Français n'auroient peut-être pas été d'avis de sapper tous les fondemens de la première Constitution ; mais elle est détruite: il faudroit donc être mauvais Citoyen pour la réclamer. Fut-elle salutaire, son retour est impossible et seroit même pernicieux. Il s'agit de partir de l'endroit où l'on est ; il est de toute impossibilité de partir de celui où nous avons été. Nous avons une Constitution sage; mais elle ne sera solidement établie que lorsque tous les vrais Français concourront à la faire marcher. Tous les Gouvernemens sont bons quand ils font respecter les propriétés, et qu'ils sont confiés à des gens probes. Aussi n'est-ce pas le Gouvernement, qui seroit du goût de chacun de nous, après lequel il faut courir, c'est celui qui existe que nous devons respecter, et autour duquel il faut que tout bon Français se rallie pour le soutenir et le faire marcher. Dix-huit mois d'anarchie ont fait plus de ravages que le plus mauvais de tous les Gouvernemens n'en auroit pu faire dans vingt ans. Que le passé nous serve de leçon.

Il en est des volcans politiques comme des naturels; les uns et les autres sont accompagnés de grandes destructions. Ce n'est pas par de nouvelles explosions qu'elles peuvent être reparées; c'est par un travail constant et simultané. Lorsque les délicieuses possessions de nos premiers parens furent détruites, soit par la volonté suprême, comme nous le devons croire; soit par une irruption de matières volcaniques, comme le supposent les impies, la terre étoit couverte de débris. Les enfans des hommes, par un travail assidu, en ont fait un nouveau paradis terrestre. Il ne dépend que de nous d'imiter ce bel exemple. Que faut il pour cicatriser toutes nos plaies? sagesse chez nos Gouvernans, mœurs chez les Gouvernés.

Tous les Gouvernemens sont absolument distincts de ceux qui en tiennent les rênes, comme le vaisseau l'est du pilote; mais tous n'ont pas l'avantage du nôtre. Nos nautonniers sont amovibles.

Y a-t-il des Français qui aient une répugnance invincible pour les nouvelles institutions? à la paix, sans doute, il sera permis à chaque Citoyen de réaliser sa fortune et d'aller vivre sous d'autres loix; car la locomanie est de droit naturel. Chaque Etat a la possession réelle des fonds territoriaux qui le composent; mais leur prix et leur produit sont la propriété de l'individu, qui peut en user, en abuser, et les transporter où bon lui semble. Quand le feu est à la maison, il ne doit pas être permis de la quitter; il faut la secourir.

CHAPITRE XIII.

Anecdotes particulières.

J'AVOIS écrit une foule d'Anecdotes intéressantes sur cette campagne, avec le nom des acteurs. On m'a volé les tablettes qui les contenoient; ainsi je ne peux plus donner au Public que celles que la mémoire me fournira, et les noms y manqueront.

Je suis sur-tout fâché de ne pouvoir nommer tous ceux qui ont fait des actes de probité; car j'aime bien la bravoure; mais je préfère la justice. Homère peint tous ses héros forts, robustes et d'une intrépidité extraordinaire; jamais il ne les montre justes. On les admire; mais l'honnête homme ne les aime pas. Nous en avions qui savoient allier la justice avec un grand courage. Ceux-là sont mes héros.

Première Anecdote.

J'avois été à l'Armée pour me soustraire à la fureur des Bonnets-rouges. Je n'étois pas riche; mais je savois lire et c'étoit un grand crime. Je n'avois pris aucun emploi militaire,

parce que ce n'est pas mon métier. J'étois
donc là comme parent et ami du Général
Souham, et comme observateur. Les Militaires qui me voyoient habituellement avec
les Chefs de l'Armée, me prenoient souvent
pour un Général. Un jour, voulant voir si
l'on pouvoit compter sur l'énergie des Troupes, je dis à un Grenadier : « Camarade,
» nous allons marcher en avant, crois-tu que
» nous venions à bout d'entrer en Flandre ?
» En Flandre ! répondit-il : ce pays ne tiendra
» pas plus devant nous que la rosée devant
» le soleil. — Cependant cette ligne de for-
» tification depuis Namur jusqu'à Ypres, la
» trouve-tu si facile à digérer ? — Cette ligne !
» bast, croyez - moi, mon Général, nous
» l'avalerons comme une asperge ».

I I.

Dans la nuit du 10 au 11 Floréal (29 et 30
Avril), au moment où l'on chauffoit le plus
vigoureusement Menin, j'étois sur la hauteur
qui domine cette Place au sud. Le feu y étoit
dans tous les coins et au milieu. Un corps
de nos Tirailleurs qui s'étoit retranché sous
le cavalier, près de la porte d'Ypres, fesoit
un feu continuel. Notre artillerie et celle de

la

la Place en fesoient un de roulement; les obus, les bombes et les boulets pleuvoient sur cette malheureuse Ville. A dix heures du soir, un obus mit le feu à un clocher, dont la charpente étoit en bois , ce qui ressembloit à un phare au milieu d'un lac de feu. Tout cela , éclairé par les pots d'artifices, fesoit la plus belle horreur qu'on puisse imaginer. Je ne vois dans les tableaux rien qui en approche. Un Peintre, quelqu'habile qu'il soit, ne sauroit rendre un si horrible spectacle. L'œil en est pourtant flatté ; mais le cœur en est déchiré.

I I I.

A la bataille de Moëscroen, un Chasseur du cinquième, âgé tout au plus de dix-huit ans, et d'une figure distinguée, fit prisonnier un Officier Autrichien. Comme il le conduisoit au Quartier - général , il fit rencontre de huit ou dix Volontaires qui vouloient le dépouiller. Le Chasseur tira son sabre, se mit en garde, et déclara qu'il mourroit plutôt que de souffrir qu'on lui fît la moindre insulte. Quand il fut arrivé au Quartier-général , l'Officier lui donna ce qu'il voulut , sans que le Chasseur fît paroitre la moindre

P

prétention. C'est l'Officier lui-même qui nous raconta le fait.

I V.

Le lendemain de l'affaire de Courtrai, je fus me promener sur le champ de bataille, avec le Général Duverger (11). Nous apperçûmes une petite maison criblée de boulets et percée d'un obus ; nous y entrâmes et nous y trouvâmes tous les éclats de l'obus. Le propriétaire nous dit qu'il avoit éclaté dans le moment, où lui, sa femme et ses trois enfans étoient couchés par terre, et que personne n'avoit été blessé; ce qui est bien surprenant, car cette barraque n'avoit pas plus de douze pieds en quarré.

V.

Dans une autre occasion, un obus tomba au milieu d'un escadron de Carabiniers rangés en bataille ; il tomba juste entre deux Cavaliers, et éclata sous le ventre des chevaux, sans en blesser aucun. C'est le Chef d'escadron Borel, qui a raconté ce fait en présence de plusieurs de ses camarades qui ne l'ont pas contesté. Tout cela est incroyable;

mais à la guerre il y a des coups tout-à-fait merveilleux, et on ne peut s'empêcher d'admettre une Providence directrice, qui étonne quelquefois et paroît prendre plaisir à se jouer de l'humanité.

V I.

Dans un choc qui eut lieu entre Courtrai et Ingelmunster, le vingtième Régiment de Cavalerie laissa prendre ses deux canons. Le Général Pichegru fit mettre à l'ordre que ce Régiment, ainsi que tous ceux qui perdroient leurs canons, n'en pourroient redemander qu'après en avoir pris le même nombre sur l'ennemi. Trois jours après le vingtième Régiment en prit quatre.

V I I.

A l'affaire qui eut lieu entre la division de Moreau et l'armée de Clairfait, près de Lincelles et du Blaton, une cinquantaine de Cavaliers ennemis s'introduisirent dans notre parc d'artillerie. Des recrues Belges qui avoient été postées pour le garder, jettèrent leurs armes et prirent la fuite. Nos braves Canonniers ramassèrent les fusils, et se garantissant derrière les caissons , ils firent feu sur cette Cavalerie audacieuse , en détruisirent ce qu'ils purent ; le reste prît la fuite , et le parc fut sauvé.

V I I I.

Pendant le siège d'Ypres , un obus tomba sur le sac d'un Soldat du deuxième bataillon de la Corrèze , coupa les bretelles et cassa un pot de beurre que ce Volontaire avoit au-dessus de ses hardes. Il éclata derrière lui sans le blesser. Ce Soldat, qui étoit Limousin ; ne parut point effrayé du danger ; mais jettant les yeux sur son sac , il s'écria dans son patois : *Ah ! grand Di , moun toupi de burré ! de qué farai yau mo soupo ?* ce qui signifie : Ah ! grand Dieu , mon pot de beurre ! avec quoi ferai-je ma soupe ?

I X.

A la bataille d'Hooglède , la soixante-deuxième , ou la vingt-quatrième demi-brigade , (je ne me rappelle pas laquelle des deux) étoit postée à côté du chemin qui va de Rousselaer à Hooglède. Le Régiment de la Tour , dragons, le plus brave de tous ceux de l'ennemi , ar-

rive par cette route, couvert de ses manteaux.
Le Chef de cette demi-brigade ne voyant pas
leur uniforme, crut que c'etoit une partie de
notre Cavalerie. Il s'écria : » Attendez, je
» crois qu'ils sont des nôtres «. Le Chef des
Dragons répondit : » Oui, nous sommes des
« vôtres ; mais vous êtes-là dans une vilaine
» position, vous allez avoir sur le corps toute
» l'armée ennemie; si vous m'en croyez, vous
» changerez de place «. Comme il disoit ces
mots, il laissa entrevoir son uniforme. Notre
Chef de brigade fit faire feu dessus, et un
escadron de ce Régiment demeura tout entier sur la place. Le chemin fut emcombré
par les cadavres des hommes et des chevaux de
ce Régiment ; c'étoit une pitié de voir cet
horrible carnage.

Dans toute cette campagne notre Infanterie
a tenu ferme contre la Cavalerie, et ne s'est
jamais laissé rompre ni mettre en déroute.
C'est la fermeté étonnante de nos Fantassins
qui nous a rendus invincibles, et elle fera
époque dans l'Histoire. Quand l'Infanterie
se laisse rompre par la Cavalerie, elle est perdue. Mais quand elle lui résiste, elle ne manque presque jamais d'avoir l'avantage. On a
souvent vu la Cavalerie ennemie charger au
galop notre Infanterie ; mais le premier rang

de celle-ci fesoit sa décharge et présentoit la bayonnette. Le second et troisième rang fesoient un feu bien soutenu, et la Cavalerie décampoit aussi vite qu'elle étoit venue. Si nos Bataillons s'étoient laissé rompre, il s'en seroit fait un carnage horrible.

X.

Gaspard Thieri, Colonel du neuvième d'Hussards, avoit été à la découverte avec son Régiment. Il avoit embusqué des Tirailleurs dans des ravins qu'il laissoit derrière lui. Son intention étoit de fuir devant l'ennemi pour l'attirer dans cette embuscade. En conséquence ses Hussards avoient ordre de le provoquer par les injures d'usage. Ils traitèrent les Troupes ennemies d'esclaves des Tyrans, etc. Celles-ci qualifièrent nos Hussards de mangeurs de papier, de régicides, de fondeurs de cloches, etc. elles se doutèrent pourtant du tour et ne voulurent pas mordre à l'hameçon. Un de nos Hussards, impatienté, s'avance au galop très - près de l'ennemi, et abat un Cavalier d'un coup de pistolet. Nos adversaires, sans chercher à se venger de cette témérité, se mirent à crier : *Bravo ! mention honorable ! insertion au Bulletin.*

X I.

Immédiatement après la publication de la loi barbare qui ordonnoit de massacrer les prisonniers anglais, nos Soldats ne fouillèrent pas les premiers Hanovriens qu'ils prirent ; ceux-ci leur offrirent leurs montres et leur argent. Ils refusèrent. Leur refus inquiétoit beaucoup les Officiers Anglais. Il y en eut un qui me dit : « Cette conduite est de mau-
» vaise augure pour nous. Nous voyons bien
» que les Militaires n'approuvent pas une loi
» aussi feroce ; mais leur générosité inusitée
» nous fait bien voir que vous avez des bour-
» reaux qui ne sont pas aussi généreux ».
Je cherchois à le rassûrer ; mais je ne pus en venir à bout, tant il est vrai qu'une grace faite dans certaine circonstances peut n'être pas consolante.

X I I.

Le nommé Petre (c'est le seul nom que j'ai conservé), Hussard au neuvième Régiment, fut envoyé pour sauve-garde dans un village du Brabant. Des Volontaires cherchant des effets cachés , déterrèrent un coffre où tout le village avoit déposé son argent. Petre arrive au moment où ils alloient le crocheter. Il tira son sabre, et par sa fermeté et sa bravoure, parvint à écarter les pillards. Il fit venir les habitans du village, qui ouvrirent le coffre en sa présence, il contenoit environ quatre-vingt-dix mille livres. Les propriétaires de cet argent voulurent faire des présens à Petre; mais celui-ci les remercia et leur dit : » En défendant votre argent » je n'ai fait que mon devoir; vous ne me » devez rien. Je vous exhorte seulement à » le mieux cacher à l'avenir ».

Le Général Duverger étoit alors Chef de l'Etat-major de la division de Souham. Enthousiasmé de cet acte de probité, il en envoya les détails à l'Etat-major-général, espérant qu'on en feroit mention à l'ordre, tant pour honorer la délicatesse de ce brave Hussard, que pour donner à l'armée un bel exemple à suivre. Croira-t-on que ce trait fut oublié, et que Duverger s'en étant plaint, on lui dit qu'il n'étoit pas digne d'un soldat! Quoi ! vous voulez former des Républicains et vous ne célébrez pas la probité? Je vous déclare que sans elle vous ne pouvez réussir. Les brigands n'aiment ni la République ni la Monarchie: les gens probes aiment tous les Gouvernemens établis.

X I I I.

Il étoit rare que les Emigrés se laissassent prendre vivans, sur-tout en grand nombre; cependant à l'affaire de Pufflech, la brigade de Jardon prit soixante-six Militaires de la Légion de Rohan, dont la plûpart furent convaincus d'émigration, et condamnés à être fusillés. Il y en eut un du Département du Pas - de - Calais, qui déclara n'être sorti qu'à la dernière extrémité, et pour éviter les fureurs de *Lebon*. Il entendit prononcer son jugement avec le calme de l'innocence. Il demanda la permission d'écrire à son frère, et sur-le-champ il lui écrivit à-peu-près dans ces termes : » Mon frère, quand tu recevras » ma lettre, je ne serai plus. Tu vendras » mes équipages, tu payeras mes dettes et » tu te serviras du reste pour subsister. Je » t'exhorte à quitter le service, tu sais que » je n'y étois entré qu'à la dernière extrémité » et pour m'empêcher de mourir de faim. » Le plus grand de tous les crimes est de » prendre les armes contre sa Patrie. Il n'y » a donc pas de raison qui puisse y obliger » un honnête homme ». On peut donc être honnête homme et embrasser une mauvaise opinion. Il n'y a que l'Anarchiste dont l'opinion soit toujours incompatible avec la probité.

(254)

X I V.

En entrant à Nimègue, je me trouvai seul
au Quartier - général. Une grande et belle
femme entre, soutenue par sa fille - de-
chambre. Le dernier degré de frayeur et
d'abattement étoit peint sur sa belle figure.
Elle se jette à mon cou, me serre étroitement dans ses bras, et me dit : » Mon cher
» Général ! ne tirera - t - on plus de bombes
» sur la Ville ?.... — Non, Madame, puisque
» nous en sommes les maîtres..... — Mais les
» Anglais ne nous en enverront-ils pas ?.....
» — Je ne le pense pas, lui repliquai - je ».
Elle tomba évanouie sur un fauteuil qui étoit
à côté de moi. Elle revint un moment après
et me dit avec le ton de la frayeur la plus
touchante : — « Mon Général, j'ai demeuré
» trois jours fermée dans un grand coffre,
» plusieurs bombes sont tombées sur ma
» maison et l'ont presque détruite. Il en est
» tombé une qui a fracassé le coffre où
» j'étois. Ah ! j'en mourrai de peur »! Je
fis ce que je pus pour la calmer; mais mes
efforts furent inutiles. Une grande frayeur se
calme difficilement.

On dit qu'il y a à Paris une faction ennemie
de la paix, et qui desire voir la guerre s'éter-
niser. A-coup-sûr ces hommes n'ont vu les

ravages qu'elle entraîne, que dans les relations. Ils s'imaginent, sans doute, qu'elle se
fait comme sur les théâtres. Je voudrois, pour
le bien de l'humanité, que tous les partisans
de ce terrible fléau, fussent, avec leurs familles, dans une ville assiégée; s'ils persis-
toient dans leur opinion, on devroit avoir
bien mauvaise opinion de leur moralité.

X. V.

Sur la fin de l'été de 1794. un Proconsul
très-hurluberlu, se fesoit un devoir de visiter
les camps. Il ne les quittoit jamais sans avoir
dit aux Soldats, qu'il étoit au dessus des Généraux; qu'il avoit assez de pouvoir pour les
punir s'ils fesoient quelque injustice au Soldat; qu'en un mot tous les grades militaires
étoient à sa merci. » Dénoncez-les-moi, leur
» disoit il, et vous verrez que je les desti-
» tuerai sur-le-champ ». Il ne partoit jamais
sans avoir exigé très-scrupuleusement un cri
de vive la République.

J'ai entendu un jour la conversation de trois
Militaires à ce sujet, qui m'a paru singulière;
mais très-sensée : la voici mot pour mot.

On battoit au champ, un des trois demanda

qu'est-ce que c'est ?.. c'est sans doute un tel qui vient voir si nous sommes assez lâches pour dénoncer nos officiers. Cet homme, dit un troisième, doit être furieusement Républicain ; car il nous fait souvent quitter les choses les plus pressées pour nous faire crier vive la République. Je n'aime pas ces parades, dit le premier, elles sont puériles et n'aboutissent à rien. Nous sommes Républicains, nous, et nous ne cesserons de l'être ; mais je vous dis, que ces *olibrius* ne l'ont jamais été, et le seront encore moins à l'avenir. Comment répondirent les autres ? — Je vous dis, continua-t-il, que ces hommes qui font tant parade de républicanisme, ne sont que des fourbes. Tant qu'on les maintiendra dans les grandes places et qu'il y aura quelque chose à voler, ils paroîtront partisans de la République ; quand il n'y aura plus rien, ils intrigueront contre, et lui tourneront casaque. Tout cela est visible. Tenez, ajouta-t-il, s'ils étoient obligés de faire seulement trois jours de suite le métier que nous fesons habituellement, les mâtins ne seroient plus Républicains ; j'en suis sûr.

La conduite de la plupart des Exconventionnels m'a rappelé cette conversation.

X V I.

Un Représentant, qui se vantoit beaucoup d'avoir occupé un grade élevé dans l'artillerie sous l'ancien régime, demanda, avec l'air de la plus profonde ignorance, ce que c'étoit que des pontons. C'est à la table d'un Général qu'il fit cette question. On lui auroit pardonné son ignorance, s'il n'avoit eu la va nité de se dire habile dans l'art de l'Artilleur.

X V I I.

Dans le tems où une partie des Parisiens exigeoient qu'on ne chantât que le Réveil du Peuple et l'autre, l'Hymne des Marseillais; dans le tems enfin où l'on étoit prêt à s'égorger pour des chansons; ceux qui demandoient la *Marseillaise*, disoient qu'elle avoit conduit nos troupes à la victoire et qu'elles n'alloient jamais au combat sans la chanter.

Je proteste que dans les charges, on n'entend d'autre musique que le *poun*, *poun* lugubre du tambour et qu'on ne s'amuse pas là à chanter des chansons.

Dans les camps, lorsqu'on étoit un peu tranquille, les soldats chantoient quelquefois la *Marseillaise* et *Veillons au salut de l'Em-pire*. ils chantoient aussi, avec plaisir, le

Réveil du *Peuple;* parce qu'ils détestoient pour
le moins autant les assassins de leurs parens et
de leurs amis, que les Royalistes.

Tous les journaux étoient remplis de chansons patriotiques, mais il y en a peu qui aient
été chantées.

Tous les Ouvrages lyriques de Chénier y ont
été exactement envoyés; mais ils n'y ont pas
plus fait fortune que les *drelins*, *drelins*, de
Gueffroi. Les Militaires chantoient plus volontiers une chanson bachique et en même-tems
guerrière qui n'enflammoit point le fiel des par-
tis. Ces couplets, dont je ne connois pas l'Auteur, sont bien faits, et le goût que nos Soldats
avoient pour les chanter, prouve que les
chansons simples, naturelles et d'une musique
facile et harmonieuse, plaisent à plus de
monde que ces grands élans forcés, ou le
Musicien et le Poëte semblent s'être mis à la
torture pour les produire. Qu'on fasse faire
un Vaudeville par Chenier, il faudra des ordres de la Police pour le faire chanter. Que
Barré et Gaveau en fassent un, toute la France
le chantera sans contrainte. Chacun son
métier.

Comme j'écris pour les Soldats et qu'ils ont
un goût décidé pour les couplets dont j'ai
parlé, je crois leur faire plaisir en les trans-

crivant ici. Ils en savent l'air ; mais souvent
ils en changent les paroles. Les voici tels qu'ils
doivent être chantés.

Couplets bachiques et guerriers.

Voulez-vous suivre un bon conseil ?
Buvez avant que de combattre ;
De sens froid je vaux mon pareil,
Mais quand j'ai bien bu j'en vaux quatre.
Versez donc, mes amis, versez,
Je n'en puis jamais boire assez. *Bis.*

Ma foi ! c'est un triste Soldat
Que celui qui ne sait pas boire,
Il voit les dangers du combat,
Le buveur n'en voit que la gloire.
Versez donc, etc.

Comme ce vin tourne l'esprit,
Comme il vous change une personne !
Tel qui tremble s'il réfléchit,
Fait trembler quand il déraisonne.
Versez donc, etc.

Cᴇᴛ Univers, ah qu'il est beau !
Mais pourquoi dans ce grand ouvrage,
Le Seigneur a-t-il mit tant d'eau?
Le vin me plairoit d'avantage.
Versez donc, etc.

S'ɪʟ n'a pas fait un élément
De cette liqueur rubiconde,
Le Seigneur s'est montré prudent,
Nous eussions desséché le monde.
Versez donc, mes amis, versez,
Je n'en puis jamais boire assez. *bis.*

NOTES.

NOTES.

VALETAU. page 6.

VALETAU n'étoit alors que Chef de brigade. Il est devenu depuis Général, et dans l'un et l'autre grade il n'a cessé de se comporter en bon militaire. Il étoit convaincu, comme tout bon Officier doit l'être, que la bonne discipline supplée au nombre, et que rien ne supplée à la discipline; mais là, où les *Cetegus* dominent, les *Fabius* doivent être persécutés.

Dans le mois de Janvier 1794. un Gendarme sortit de son cantonnement, sans permission, pour aller vociférer dans un Club. Valetau l'envoya en prison. Ce Gendarme étant un de ces hommes ramassés sur le pavé de Paris, connoissoit très-bien la forme des dénonciations, et les circonstances qui pouvoit les rendre dangéreuses. Quoiqu'il sut à peine dessiner son nom, il s'appliqua à écrire un tas de calomnies contre son Chef de brigade. Il commençoit par annoncer qu'il étoit Républicain, et que Valetau étoit, on devoit être un Aristocrate, puisqu'il ne l'avoit puni que parce qu'il alloit faire des motions patriotiques dans les Sociétés populaires. Il finissoit par dire que cet Officier avoit été Garde du Tyran, et que cela seul devoit suffire pour l'exclure des armées et pour le faire remplacer par un bon Républicain, comme lui.

Il adressa cette diatribe au Général Souham. Celui-ci qui, dans un autre tems, auroit agravé sa peine, se contenta de lui dire que s'il avoit fait sa dénonciation

Q

avant d'avoir enfreint une loi de discipline, et avant d'avoir mérité une punition, il auroit pu y avoir égard ; mais que sa plainte étoit trop tardive et qu'elle portoit plutôt le caractère de la passion, que celle du vrai ré-publicanisme.

Le dénonciateur s'adressa au District de Lille, qui renvoya ce second fatras d'invectives au même Général. Souham fit au District la même réponse qu'il avoit faite au Gendarme. Ce dernier s'adressa à la fameuse Société qui, pour lors, despotisoit la France. Une occasion qui fournissoit les moyens de désorganiser l'armée étoit toujours accueillie par cette Société. Elle obtint donc un ordre impératif du Comité de Salut public, qui en-joignoit au Représentant du Peuple domicilié à Lille, de destituer Valetau, et de lui faire subir toute la rigueur de la loi infernale du 17 Septembre. Heureuse-ment Pichegru arriva, et la discipline fut remise en vigueur ; sans lui, l'armée auroit été totalement désor-ganisée, et le démembrement de notre territoire auroit été le résultat de ce désordre. Je suis convaincu que c'étoit-là la fin que se proposoient les meneurs de la horde jacobite. Mille exemples de la même nature que celui de Valetau, sont, pour moi, une bonne pièce de conviction.

PICHEGRU. Page 8.

Pichegru est né à Arbois, en 1761. Cette petite Ville est dans cette partie de la Franche-Comté qu'on ap-pelloit *Bailliage d'Aval*, qui fait aujourd'hui la plus grande partie du Département du Jura. Il a cinq pieds cinq pouces ; il est très-corporé, sans être gras. Il est d'une constitution robuste ; en un mot, il est bâti en homme de guerre. Sa figure est sévère, au premier abord ; mais elle s'adoucit dans la communication, et inspire la plus grande confiance. Sa politesse ne ressemble point à celle qu'on nomme d'*étiquète*, qui n'est ordinairement qu'une duplicité et une fourberie. La sienne est sans affectation. On voit qu'il est franchement obligeant, et qu'il est naturellement bon. Mais il n'a rien de ce qui fesait autrefois parvenir les courtisans.

Je ne connois pas sa famille. D'après ce qu'il m'en a dit lui - même, elle n'est, ni illustre, ni opulente. Mais les hommes d'un vrai mérite n'ont pas besoin de l'appui de leurs aïeux pour paroître grands. Semblable à ces météores lumineux, dont on ignore les causes, qui nous laissent extasiés d'admiration, même après qu'ils ont disparu, Pichegru n'a besoin, ni d'aïeux, ni de descendans ; il compose seul toute sa race. Nous avons secoué les préjugés de la Noblesse de naissance, et nous ne reconnoissons que la personnelle ; rien n'est plus sensé. Car, comme il ne sert de rien à un aveugle que ses ascendans aient eu de bons yeux, il doit être fort inutile à un lâche et à un mauvais sujet que ses parens aient été vertueux.

Pichegru a fait ses premières études au Collège d'Arbois, et sa Philosophie chez les Minimes de cette petite Ville. Ayant soutenu un Acte particulier, et montrant un goût décidé pour les Sciences exactes, les Minimes l'engagèrent à aller répéter la Philosophie et les Mathématiques dans le Collège qu'ils avoient à Brienne. Il y alla, autant pour se fortifier dans les connoissances qu'il avoit déjà, que pour les enseigner aux autres. Voilà ce qui a fait croire que Pichegru avoit été Minime ; mais cela est faux.

Q 2

En enseignant les Mathématiques aux autres, Pichegru s'étoit lui-même fortifié dans cette Science. Il s'enrôla dans le premier Régiment d'Artillerie. Les Officiers de ce Corps ne tardèrent pas à s'appercevoir que ce jeune homme avoit porté des connoissances précieuses dans l'art de l'Artilleur. Ils le nommérent Sergent. On sait qu'alors c'étoit un grand cadeau à faire à un roturier, et que c'étoit l'*ultimatum* de son avancement, parce que la Noblesse étoit aussi exclusive que les Jacobins. La Révolution est survenue ; Pichegru, sans trop fréquenter les Proconsuls, qu'il n'estimoit pas, en a été connu, et il est monté de grade en grade au Généralat de trois grandes armées, et les a aussi bien conduites que s'il avoit été tiré de la cuisse de Jupiter. *Rose, Faber, Chevert, Laubanie, Jean-Bart, Du Guétroin*, auroient dû prouver à la Noblesse française que les talens militaires n'ont pas besoin de généalogie ; mais cette Caste a toujours été inexorable sur cet article. Preuve qu'elle aimoit mieux ses privilèges que la prospérité de l'Etat. Nous avons fait l'expérience que sa manie est inhérente à notre espèce. Nos sâles Sans culottes étoient aussi intolérans que les Nobles.

Souham. Page 12.

Souham est né, en 1761, dans le Département la Corrèze. Il est d'une taille gigantesque, ayant environ six pieds deux pouces. Sa force est proportionnée à sa taille, et sa bravoure est reconnue de toute l'armée. Il est doué d'un jugement sain, et a beaucoup d'esprit naturel ; sans être savant, il aime les hommes éclairés et sait bien s'entourer. Il a parfaitement bien commandé sa division, qui est la plus forte de toutes

nos armées, et n'a jamais été battu. Il a toujours été
à l'avant-garde, et a rendu, par sa fermeté et sa bravoure, de très-grands services. Les avantages obtenus
à Moëscroen, à Hoog_ède et à Pufflech, sont, presque
tous, dûs à sa division.

M o r e a u. Page 12.

M o r e a u est natif de Morlaix, en Basse-Bretagne;
il est à-peu-près de l'âge et de la taille de Pichegru. Il
a, comme lui, l'esprit cultivé; mais dans un autre
genre. Il étoit Avocat. Son caractère, sans être l'opposé de celui du premier, est très-différent. Il est plus
insinuant, et son abord est plus agréable. Sa figure
est gracieuse, et il ne lui manque que de vivre ailleurs
qu'aux armées pour être un homme tout-à-fait aimable.
On ne voit pas Pichegru, une heure, sans prendre de la
confiance et sans le juger homme de probité : dès qu'on
aborde Moreau, il inspire le même sentiment.

Avant d'être Général, Moreau étoit Chef d'un bataillon de l'Isle et Vilaine. Ce Bataillon n'aimoit pas
la Constitution de 1793, et on eut de la peine à la lui
faire accepter. Moreau lui-même, qui connoît aussi
bien le droit public que la tactique, n'étoit pas son
partisan, il l'étoit encore moins du Gouvernement in-
sensé qu'on appelloit *révolutionnaire*. Je l'ai entendu
quelquefois raisonner très-juste sur ce Code anarchique,
et il pénétroit très-bien ce qui est arrivé.

M a c d o n a l. Page 18.

M a c d o n a l est d'une famille très-connue en Ecosse,
et souvent nommée dans les Voyages de cette partie de
la Grande-Bretagne. Il a servi en Hollande; mais il est

établi depuis long - tems en France. C'est un jeune homme, qui n'a pas l'air d'avoir plus de 30 à 32 ans. Il est rempli de talens militaires, et a même des connoissances en tactique. Il a fait la campagne en qualité de Général de brigade dans la première division. Quoiqu'il commandât la plus forte colonne de l'armée du Nord, il dirigeoit encore les mouvements de celle de Jardon. Saint-Just avoit destitué Macdonal, sous prétexte que n'ayant pas une figure à la *Comité révolutionnaire* et portant un nom Ecossais, il devoit être Aristocrate. C'est à-peu-près le motif qu'il allégua lorsqu'on voulut lui faire des remontrances sur cette injuste déstitution. Souham lui dit. » Je ne sais pas si » dans le fond du cœur il est Républicain, je ne » puis lire dans son ame ; mais je sçais que c'est » un excellent Officier, qui, dans toutes les occasions, » a bien servi la République, et je réponds, sur ma » tête, qu'au lieu de la trahir, il la servira en bon et » brave Militaire. » Il ne nous faut, répliqua Saint-Just, que des Républicains bien prononcés, et Macdonal n'a, ni la figure, ni le nom d'un Républicain. » Alors les suspicions produisoient le même effet que la réalité. La destitution fut donc prononcée. Je suis faché que les Proconsuls n'aient pas été tenus de donner des motifs, lorsqu'ils lançoient ces lettres de cachet. Dans ce tems-là, les Comités Révolutionnaires s'amusoient à faire des suspects, et les Tribunaux du même nom, envoyoient ces soi-disant suspects à la guillotine.

On nous fesoit passer à l'armée les jugemens du Tribunal d'Arras. Un Extrait des motifs sur lesquels ils étoient fondés feroit quelquefois rire, si l'on pouvoit oublier un moment les conséquences. J'en ai lu un

où l'on s'exprimoit ainsi : N*** *soupçonné d'être sus-*
pect, a été condamné à mort. Les motifs de destitution qu'auroient pu donner nos Proconsuls, n'auroient
guère été moins ridicules. Les camarades de Macdonal
l'ont soutenu avec courage, dans un tems où il n'y avoit
rien d'aussi dangereux que de prendre le parti d'un
honnête homme : voilà ce qui fait son éloge. Ils n'ont
pas eu lieu de s'en repentir, car il a rendu des services importans à notre Patrie. Il est, dans ce moment,
Général de division à l'armée du Rhin.

Il y avoit dans l'Armée anglaise un Général du même
nom. Après le passage de la Meuse, ce Militaire vint
parlementer. Il nous dit : « Vous avez parmi vous un
Général qui porte mon nom ; nous voudrions bien le
» prendre. — Prenez garde, lui dit-on, qu'il ne vous
» prenne vous-même ». En effet, le lendemain il s'en
fallut de peu qu'il ne fut pris par la colonne de
Macdonal.

JOURDAN. Page 34.

JOURDAN est natif de Limoges. L'ennemi a long-
tems cru qu'il étoit ce fameux *Jourdan Coupe-tête*
d'Avignon. Il n'est rien moins que cela ; c'est un bon
Militaire, d'un caractère froid ; mais d'un jugement
solide, qui n'est ni parent ni allié des assassins du Midi.
Il a rendu de grands services. Il a sur-tout sauvé la
France en forçant l'ennemi à débloquer Maubeuge.
C'est dans ce moment de triomphe que le Gouvernement révolutionnaire le destitua : preuve que les Gouvernans d'alors étoient d'accord avec les Coalisés, et
qu'ils avoient de la peine de ce que Jourdan les em-
pêchoit de tenir la parole qu'ils leur avoient donnée.

Il y a bien des crimes cachés par l'intrigue dans notre Révolution : un jour tout se découvrira.

La faction des Applanisseurs exalte beaucoup Jourdan et dénigre Pichegru, ainsi que tous les autres Généraux. S'imagine-t-elle que Jourdan soit son partisan ? Je n'en crois rien. Je proteste que je n'ai presque vu à l'armée que de vrais Patriotes. Jourdan peut avoir ménagé cette faction par la raison qu'il faut quelquefois vivre avec les méchans, de peur qu'ils ne vous nuisent. Il a été un moment où les égorgeurs intimidoient plus ce Général que tous les bataillons et les escadrons des ennemis. Mais ou je suis bien trompé, ou il n'y a pas un seul Officier de marque dans nos armées, qui ne vînt volontiers jetter tous ces assassins dans la Seine. Il ne faudroit pour cela qu'un signal des Autorités. Les Militaires ne sont jamais sortis de la ligne que leur ont tracé les Actes constitutionnels, et ne se sont regardés que comme des instrumens purement passifs. Que les Autorités législatives, administratives et judiciaires les imitent, et alors nous pourrons dire comme Sénèque : *Sanabilibus egrotamus morbis.*

DEVINTHER. Page 32.

DEVINTHER est un Hollandais, réfugié en France depuis la Révolution de 1787. C'est un homme âgé de 34 à 35 ans, d'un physique et d'une phisionomie distingués. Il est d'un caractère très-froid, et paroît très-réfléchi. Il étoit Marin avant la Révolution batave. Il paroît qu'il connoît bien les mers, où se fait la pêche de la baleine, et il a de grandes connoissances sur les détails de cette pêche. Avec de l'étude il a acquis des talens et des connoissances militaires : mais il faut qu'il en ait davantage pour la guerre maritime, puisque ses compatriotes l'ont nommé Amiral des Flottes bataves. Il a pourtant rendu de grands services à la France, en qualité de Général de brigade.

DAENDELS. Page 132.

DAENDELS est aussi un Batave réfugié, Avocat de profession et cependant excellent Militaire. Il est d'un caractère très - ardent. Après avoir fait une guerre d'avant - postes très - avantageuse, pendant l'hiver, en qualité de Chef de brigade, on le nomma Général, au commencement de la campagne, et il commandoit la colonne gauche de la première division. Il s'est parfaitement bien acquitté de toutes les missions dont on l'a chargé, et a rendu de grands services.

On lui reprochoit d'avoir pris des principes exagérés dans un voyage qu'il fit à Paris. Je ne l'ai pas vu depuis son retour; mais je puis attester qu'auparavant il avoit une bonne façon de penser. Il est vrai qu'il manifestoit une haine implacable contre ceux de ses concitoyens qui l'avoient desservi dans la Révolution batave et depuis sa sortie. Non - seulement il vouloit rentrer dans ses biens, ce qui étoit très - juste; mais il parloit de massacrer ceux qui les avoient fait vendre et ceux qui les avoient achetés. J'avoue que ces dispositions n'étoient pas de mon goût.

Je ne hais point les Emigrés Français parce qu'ils ont quitté leur Pays. Une opinion bien prononcée peut autoriser un homme à faire cette démarche; mais s'ils ont pris les armes contre ma Patrie, et s'ils ne se proposent d'y rentrer que pour nager dans le sang des Français, je suis leur ennemi. Je n'approuvois donc pas plus Daëndels lorsqu'il menaçoit de couvrir son Pays de cadavres, que je n'approuverois les Emigrés français s'ils avoient de pareilles dispositions.

On m'a assûré que Daëndels n'avoit été méchant qu'en paroles, et qu'il s'étoit sagement conduit dans sa Patrie. Me voilà donc reconcilié avec lui. Il doit l'être avec ses compatriotes, puisqu'ils l'ont nommé Général en chef de l'Armée batave.

Salm. Page 148.

Salm est un jeune homme d'une belle figure. Il commandoit une brigade de la division de Dépaux, qu'il tenoit très-bien, et son camp étoit toujours mieux tracé et plus régulier que ceux des autres. Je ne sais ni d'où il est, ni de quelle famille il sort. Un Maître-d'hôtel de la Maison de Salm, qui étoit dans le château d'Hoogstraten lorsque nous y arrivâmes, m'assûra qu'il étoit de la famille des Salm-Salm, qu'ayant dépensé toute sa fortune à Paris, il avoit été obligé de s'engager dans un Régiment de Dragons.

Ce qui me fit former des doutes sur le rapport de ce Maître d'hôtel, c'est que dans le tems que les buveurs de sang obligeoient les Nobles de sortir de Paris pour les égorger plus facilement dans la suite, un Proconsul aussi féroce que mauvais Administrateur, prit un arrêté qui enjoignoit à tous les Nobles de sortir des armées, quels fussent leurs grades. Presque tous, même les Fusiliers, furent obligés de s'y conformer. Il me paroît étonnant que Salm ait pu échapper à la surveillance inquisitoriale de cet être détestable. Il est vrai que les Carabiniers s'obstinèrent à ne pas obéir à cet infâme arrêté, et qu'ils conservèrent, haut la main, leur Colonel d'Anglard, qui est un homme d'un mérite distingué. Il peut se faire que Salm se soit sauvé de la même manière, ou par quelqu'autre moyen. Qu'il soit ce qu'il voudra, il n'en est pas moins vrai qu'il a servi en homme d'honneur, ainsi que tous les Nobles qui sont restés dans les armées.

BONNEAU. Page 188.

BONNEAU est un jeune homme. Il a la gravité et la dignité d'un Sénateur. Je l'ai vu quelquefois avec les Représentans; ceux-ci avoient l'air d'écoliers pleins de caprices, et Bonneau avoit celui d'un instituteur sensé, qui souffre avec peine que ses écoliers disent des bêtises; mais qui n'ose les reprendre en bonne compagnie.

Bonneau a parfaitement bien servi. Il a l'estime de tous ses camarades et celle de toute l'armée. Il a le physique robuste d'un homme de guerre, et son abord imprime le respect.

JARDON. Page 117.

JARDON est natif de Verviers, près de Liège. Il est a-peu-près âgé de 35 à 36 ans. On a dit que la figure de l'homme étoit le frontispice de son ame. Celle de Jardon n'a rien qui annonce une audace extraordinaire; elle est large, applatie et n'a rien de distingué.

Il est pourtant rare de trouver un courage aussi constamment intrépide. Jardon chargeroit une armée de vingt mille hommes, à la tête de deux compagnies de Grenadiers, avec autant de plaisir que s'il avoit des forces égales. Je dis, avec autant de plaisir; car il n'en connoît pas de plus grand que celui de se battre. C'est exactement le *Baldus* du Poëme macaronique. Il m'a quelque fois prié à diner; mais il n'a jamais oublié d'ajouter qu'après le repas nous irions charger l'ennemi. C'étoit son spectacle, et il ne croit pas qu'il en existe de plus amusant.

Son intrépidité semble tenir à un prévention qu'ont les Liégeois pour les enfans né-coiffés. Jardon dit à tout le monde, avec l'air de la plus grande conviction, que ni les bales, ni les boulets ne peuvent rien sur sa personne, et qu'il n'y a qu'une mine qui puisse le tuer. Si réellement il est imbu de ce préjugé, comme il m'a paru l'être, l'évènement a dû le fortifier dans son idée. Nous n'avons presque pas eu d'affaire où Jardon n'ait eu des chevaux tués. Ses Aides-de-camp et ses ordonnances ne combattoient jamais plusieurs fois à ses cotés sans être tués, ou grièvement blessés. Lui-même n'en sortoit presque pas, sans avoir ses habits et son chapeau criblés de bales. Tous ses chevaux étoient mutilés de coups de feu. Ils avoient presque tous les oreilles, les lèvres, ou d'autres parties percées, et Jardon n'a pas reçu une égratignure. Au combat d'Outre-Meuse, il eut deux chevaux, tués sous lui. Son jeune neveu reçut à ses cotés cinq blessures presque toutes mortelles. Un de ses Adjoints fut tué, et plusieurs de ses Ordonnances restèrent sur la place. Une bale qui alloit lui traverser la poitrine fut détournée par la lame de son sabré qui en fut mise en pieces. Une seconde lui cassa le pommeau du même sabre, sans lui blesser seulement le cinquieme doigt. Dans une occasion, avec 75 hommes, il a mis en déroute 900 Autrichiens, et il n'alloit jamais à la découverte sans être accueilli par une décharge de mousqueterie qui lui tuoit quelqu'un des siens, et il a toujours été intact.

A Moëscroen il étoit au milieu des ennemis, se battant comme un enragé. Nos troupes le prirent pour un soldat de l'Empereur, et vouloient le faire prisonnier. Il eut beaucoup de peine à s'en faire reconnaître ; parce que son costume ressembloit assez à celui de ces Soldats autrichiens qui portent des casquettes ; en un mot la vie militaire de Jardon est aussi merveilleuse que celle de nos plus fameux Flibustiers. On ne peut lui attribuer, ni de grands talens, ni même des connoissances militaires ; mais on ne peut lui refuser un courage et une intrépidité à toute épreuve ; et si la reconnaissance est une vertu politique, notre Gouvernement en doit à cet Officier

REUNIER. Page 80.

REUNIER est natif de Lausanne. Il est âgé de 23 ans ; taille de cinq pieds six pouces, assez bien bâti et d'une bonne figure. Au premier abord, il a l'air stupide ; mais on ne tarde pas à s'appercevoir qu'il a du génie et qu'il est très-instruit ; mais la difficulté qu'il a à s'exprimer le fait souvent prendre pour un ignorant. J'ai vu beaucoup d'Officiers qui, dans la première conversation qu'ils avoient avec lui, portoient des jugemens qui ne lui étoient pas favorables ; en un mot, il faut le fréquenter plusieurs fois pour le connoître et le bien juger.

Reunier n'avoit que vingt-un ans au commencement de la campagne ; et à cet âge où le raisonnement est à peine développé chez le commun des hommes, il dirigeoit les mouvemens de la plus forte division de l'armée du Nord. Tous les Généraux le consultoient, et Pichegru lui même avoit un faible pour les avis qu'il donnoit dans les Conseils de guerre.

(254)

Pendant l'hyver de 1794 il fit la carte topographique de tout le territoire, où la première division étoit cantonnée. Cette carte est fort exacte, très-détaillée, il n'y a pas un seul sentier, ni un ouvrage de campagne ancien, ou nouveau qui n'y soit dessiné, et elle étoit très-commode pour les Officiers qui alloient porer les ordres.

Avant le commencement de la campagne, Reunier a été deux fois nommé Général de brigade; mais il a toujours refusé, sous prétexte qu'il étoit trop jeune. Il craignoit même beaucoup qu'on ne le forçât à accepter ce grade. Dans ce tems-là les Proconsuls obligeoient les Officiers à prendre les grades qu'ils leur offroient, sous peine d'être regardés comme suspects et traités comme tels. La plupart aimoient mieux accepter que de se faire destituer et incarcérer; mais dans le fait les places éminentes étoient un grand fardeau, car si la fortune abandonnoit un instant ceux qui les occupoient, ils étoient sûrs d'aller à l'échafaud.

On n'obligea point Reunier à accepter le grade de Général. Il fit donc toute la campagne d'été en qualité d'Adjudant-général. Après la victoire politique du 9 Thermidor (27 Juillet) le Comité de gouvernement, fut un peu mieux composé, Reûnier fut nommé Général et il accepta. Cet Officier a de grandes connaissances en tactique. Il est outre cela d'une bravoure éprouvée. Il est dans ce moment Chef de l'Etat-major-général de l'armée du Rhin. Il est du bois dont on fait les Généraux en chef. Il ne lui faut qu'un peu plus d'âge. Il a déjà beaucoup d'expérience.

D U V E R G E R. Page 226.

D U V E R G E R est natif d'Etampes. Il est âgé d'environ quarante ans, il est bien fait et a une figure très-prévenante. Comme il ne se mêloit pas du mouvement de l'armée ; qu'étant Chef de l'Etat-major de la première division, il ne s'occupoit que de son bureau, je n'ai pas eu occasion d'en parler dans le cours de cette Histoire. Duverger a pourtant des talens et des connoissances militaires. Il a l'esprit cultivé et ses mœurs sont douces et pures. Mais il avoit été dérouté par les extravagances des Gouvernans d'alors, et sur-tout par une destitution injuste que le fameux Lavalette avoit provoquée contre lui. Souham la fit révoquer, haut la main. Duverger n'en avoit pas pris plus de confiance. Il connoissoit les intentions de la Montagne et croyoit qu'après la campagne, quelque chose que pussent faire les Officiers généraux, elle les enverroit à la mort. Cette idée le fesoit tenir dans la plus grande réserve. Il ne blâmoit pas hautement l'injustice ; mais il en avoit le cœur déchiré. Il est maintenant Général de brigade à l'armée du Rhin. Je suis sûr qu'il menera bien sa colonne. Il a les connoissances et la pratique nécessaires pour la bien commander. C'est un serviteur de vingt ou vingt-deux ans.

Les Généraux Laurent, Kleber, et une foule d'autres qui ont été nommés dans cette Histoire jouissent parmi leurs camarades d'une réputation méritée ; mais n'ayant pas eu occasion de les connaître particulièrement, je n'ai pas pu donner de notes sûres sur ces braves et bons Militaires.

En général, tous se sont bien conduits et on rendu de très-grands services, les uns par leurs talens, les autres par leur bravoure. Tous sont Républicains et honnêtes gens. Lorsque j'allai me réfugier parmi eux je n'en avois pas cette idée. Je les croyois pervers, comme les hurleurs que j'avois laissé en France. Je leur fais réparation d'honneur. Ils étoient probes et détestoient autant que moi les crimes de nos factions.

F I N.

TABLE

TABLE
DES CHAPITRES
CONTENUS DANS CE VOLUME.

CHAPITRE PREMIER. *État de la France, avant la campagne.* page 1

CHAP. II. *État des Armées, à la même époque* 5

CHAP. III. *Entrée en campagne; prise de Courtrai; bataille de Moëscroen; prise de Menin par les Français; prise de Landrecies par les Autrichiens.* 10

CHAP. IV. *Combat de Courtrai; prise de Thuin, Fontaine-l'Evêque et Binch, défaite de l'Armée anglaise à Lannoi, Turcoing, etc., retraite de Clairfait à Thielt, combat sanglant à Pont-Achin.* 17

CHAP. V. *Passages réitérés de la Sambre par l'aile droite de l'armée du Nord; retraite de l'Empereur à Vienne; fausse attaque sur Ypres; investissement de cette Place; bataille d'Hooglède; capitulation d'Ypres.* 26

CHAP. VI. *Composition de l'armée de Sam-*

bre et Meuse. Cette nouvelle Armée repasse la Sambre et recommence le siège de Charleroi ; ce siège est levé et bientôt repris ; l'ennemi évacue les postes qui sont en avant de Valenciennes, etc.   34

CHAP. VII. *Projet de passer l'Escaut près d'Oudenarde ; entrée des Français à Bruges, Ostende et Gand ; prise d'Oudenarde et de Tournai.*   39

CHAP. VIII. *Décret qui défend de faire des prisonniers Anglais. Autre décret qui ordonne de passer au fil de l'épée les garnisons qui gardoient nos quatre forteresses. Réflection sur ces deux loix.*   44

CHAP. IX. *Prise de Charleroi ; Bataille de Fleurus ; évacuation de Mons, Marchiennes, etc. Investissement des quatre Places occupées par l'ennemi.*   54

CHAP. X. *Marches de l'armée du Nord ; sa jonction avec celle de Sambre et Meuse ; passage du canal de Malines ; prise de Louvain, Malines et Namur ; reddition de Landrecies ; siège du Quesnoy.*   58

CHAP. X. *Marche de l'armée du Nord sur*

(259)

'Anvers ; prise de cette ville , de Tongres et de Liège ; prise de Nieuport ; siège de l'E-cluse ; reddition du Quesnoy. 64

CHAP. XII. Causes qui nécessitèrent le séjour de l'armée du Nord près d'Anvers ; projet de se rapprocher de l'armée de Sambre et Meuse ; ce qui le fit abandonner. Rentrée des Troupes qui avoient été détachées pour l'expédition de la Zélande ; prise de l'E-cluse ; rédition de Condé et de Valenciennes. 71

CHAP. XIII. Marche de l'armée du Nord dans la poursuite des Anglais ; combat de Boxtel ; combat entre l'armée de Sambre et Meuse et les Autrichiens ; retraite des Anglais derrière la Meuse. 78

CHAP. XIV. Prise du fort Crevecœur ; investissement de Bois-le-Duc ; capitulation de cette Place ; faute commise relativement au fort Saint-André ; marche sur Grave : arrivée des troupes commandées par Moreau ; prise de Julliers, Bonn et Cologne. 83

CHAP. XV. Etat de la Belgique avant la Révolution française ; ravages et oppression que la guerre y a occasionnés. 90

SECONDE PARTIE

CHAPITRE PREMIER. *Tactique du Général Pichegru.* Page 107

CHAP. II. *Passage de la Meuse par deux divisions de l'armée du Nord; combat qui ont lieu après ce passage entre l'armée Anglaise et la division de Souham.* 111

CHAP. III. *Siège de Venloo; capitulation de cette Place; prise de Maëstricht, Coblentz et Rheinfeld; prise de Nimègue.* 120

CHAP. IV. *Dénuement où se trouvoit l'Armée, lors de son entrée à Nimègue; nécessité de la cantonner; projet sur l'Isle de Bommel, abandon de ce projet; investissement de Breda; évacuation des places de la Flandre Hollandaise.* 129

CHAP. V. *Pichegru reprend le commandement des armées; le froid excessif lui présente les moyens de passer les fleuves; prise de l'Isle de Bommel; capitulation de Grave; blocus de Heusden.* 140

CHAP. VI. *Observations géographiques et politiques sur la Hollande.* 155

CHAP. VII. *Dégel inquiétant, qui ne fut pas de durée; députation de la Province d'Utrecht; évacuation de cette Province par les Anglais; départ du Prince d'Orange; entrée des Français à Utrecht; à Arnehim, etc; capitulation de Gertruidemberg; capitulation de la Province de Hollande; entrée des Français à Amsterdam.* 166

CHAP. IX. *Passage du Biesbosch; prise de Dordrech, Roterdam, la Haye et Helvoeslhuys; ordre des Etats-Généraux qui enjoint aux Commandans des Places fortes de les livrer aux Français; prise de Naërden; notre Cavalerie s'empare des vaisseaux de guerre hollandais; capitulation de la province de Zélande.* 185

CHAP. X. *Séjour de l'armée derrière les lignes du Grèbe; retraite de l'armée Anglaise derrière l'Yssel; évacuation de Zwol et Campen; prise de Doësbourg; évacuation de Coëvarden.* 192

CHAP. XI. *Les Français s'emparent des Province de Frise et de Groningue; leur entrée à Groningue. Combat de Berterzil. Retraite de l'ennemi derrière l'Ems. La paix du Roi de Prusse arrête la conquête de la Westphalie. Changemens faits dans le commandement de nos armées.* 201

CHAP. XII. *Réflections de l'Auteur sur les succès incroyables des Français, dans la guerre présente.* 209

CHAP. XIII. *Anecdotes particulières.* 223

NOTES. 241

Fin de la Table.

ERRATA.

Page 14, ligne 2, étoit de, *lisez* étoit composée de,

Page 16, ligne 8, e *lisez* et.

Page 21, ligne 27, Meuse, *lisez* Sambre.

Page 23, ligne 20, résistane, *lisez* résistance.

Page *idem*, ligne 28, prisonnier, *lisez* prisonniers.

Page 24, ligne 18, rive gauche, *lisez* rive droite.

Page 47, ligne 15, ses, *lisez* ces.

Page 81, ligne 27, veiller, *lisez* veille.

Page 88, ligne 27, portée, *lisez* postée.

Idem. ligne *idem*, Oprelan, *lisez* Op-zelan.

Page 91, ligne 23, de Leues, *lisez* deux lieues.

Page 99, ligne 26, les tems *lisez* ces tems.

Page 104, ligne 24, deviez, *lisez* devriez.

Page 113, ligne 13, quoiqu'en dise, *lisez* quoiqu'en ait dit.

Page 114, ligne 8, Druter, *lisez* Druten.

Page 118, ligne 14, eans, *lisez* dans.

Page 135, ligne 15 batteries, *lisez* batteaux.

Page 141, ligne 21 assûrer dit que, *lisez* assûrer que.

Page 142, lignes 26 et 27, ne parurent, *lisez* ne le parurent.

Page 144, ligne 11, qui ne fut, *lisez* qui ne fussent.

Page 152, ligne 12, rencSonter, *lisez* rencontrer.

Page 157, ligne 14, ou, *lisez* oui.

Page 181, ligne 13, impossible, *lisez* difficile,

Page 193, ligne 11, l'abattre, *lisez* la battre.

Page 194 ligne 11 se placèrent, *lisez* le placèrent.

Page 197, ligne 16, portant, *lisez* pourtant.

Page 209, ligne 2, réflecions, *lisez* réflections.

Page 217, lignes 11 et 12, franchissent, *lisez*
renversent.

Idem, ligne 20, Lembs, *lisez* l'Ems.

Page 218, ligne 16, infecter, *lisez* infester.

Page 235, ligne 8, opinion, *lisez* idée.